学 小丛书

s of
nthropology

市场如何形成

黄国信　著

北京师范大学出版集团
BEIJING NORMAL UNIVERSITY PUBLISHING GROUP
北京师范大学出版社

黄国信

历史学博士，中山大学历史人类学研究中心暨历史学系教授，博士生导师，入选教育部新世纪优秀人才支持计划，兼任中国社会史学会副会长。主要研究方向为明清社会经济史、历史人类学。主要著作有《区与界：清代湘粤赣界邻地区食盐专卖研究》等。

目

录

市场是自然的人类行为
还是人类设计的秩序

市场是个奇妙的存在。市场上总是充斥着各种声音、味道和色彩。每天一大早，商贩们在市场吆喝叫卖，顾客们从各色各样的房子里出来，涌向市场。大家都在市场寻寻觅觅，讨价还价，一片喧嚣热闹。当然，这基本上是国内最普通的农副产品市场的样貌。在此之外，大量批发市场、专门市场，还有近年迅速发展的网络虚拟市场，以及更为复杂的生产要素市场，尤其是华尔街发明了众多产品的金融市场，更是波澜壮阔，吸引着媒体的目光，增值或者吸走着人们的财富。市场传闻从不间断，市场花样层出不穷。日常生活聊天的对象、新闻报道的主题，经常与市场直接相关。我们每个人都已无法离开市场，市场深深地嵌入了我们的生活、我们的肌体、我们的生命。

但是，大部分人似乎并没有想过一个问题：人们习以为常的市场，到底是怎样形成的呢？传统中国的市场非常活跃，是学术界有目共睹的事实，这一传统市场到底是一种什么性质的市场呢？这些问题，学术界有过诸多讨论，却远未达成共识。本书的目的，就是从最为普通的物品——食盐出发，以清代食盐走私的经验事实，来分析传统中国市场的形成机制，进而试图回答中国传统市场的性质问题。

一、"人类行为而非人类设计的秩序"

经济学和社会学已经创立了关于市场形成的诸多理论。其中较早系统涉及市场形成理论的，是信奉"看不见的手"的古典经济学家。"看不见的手"是自由主义经济学家坚称的经济行为准则。他们认为，人类的经济行为不应该被政府过多干预，人们的经济决策应该交由产权所有者，依据相关信息来确定，而这个相关信息，只能来源于市场。唯有市场，才能调节经济体系的运行，市场以"看不见的手"的形式发挥其巨大作用。在古典经济学经典作家那里，市场在经济体系中占有核心位置，是经济运行的指南针、晴雨表。那么，在古典经济学家的眼中，市场是怎样形成的呢？

1. 自然形成并作为默认逻辑前提的市场

我们以古典经济学创始人之一的亚当·斯密为代表来做简要分析。亚当·斯密对市场的论述，主要侧重于其在经济运行中的作用，并不重点关注其如何形成。因为他默认市场是自发形成并且自行运转的。所以，在他的《国民财富的性质和原因研究》一书中，市场的存在其实是一个不言自明的前提。他对市场的论述，除了重点考察市场作为指挥经济运作的"看不见的手"的功能外，还论证了交换、分工与市场的关系，并由此证明国民财富增长的动力。在这里，我们可以大致发现他对市场形成的理解。

他认为，国民财富增长的动力是技术的进步以及劳动生产率的提高。而劳动生产率的提高，需要以交换和分工为前提。那么，交换与分工是什么样的关系呢？他指出，交换是人性天然的必需，交换"是人性中某种倾向的必然结果"，"这是所有的人普遍都有的倾向，而其他动物则没有"。①亚当·斯密认为，正是因为人的天性有交换的倾向，为了跟其他人交换产品，便需要生产其他人并不生产的产品，以形成交换的可能性。这样，自然也就产生了分工。斯密用制针工场的例子，说明分工必然带来技术熟练化即技术进步。他认为，技术进步必然提高劳动生产率，实现一国国民财富的增长。这就是学界总结的关于人类经济成长方式的"斯密型动力"的内涵。②

实际上，到这里为止，斯密并未直接论述分工、交换与市场的关系。不过，在斯密理论中，似乎隐含着一条"公理"：有交换就有市场，交换与市场密不可分。他曾指出："由于交换的力量而引起了分工，所以分工的范围必然总是受到交换能力范围的限制。换言之，受到市场范围的限制。"③ 这样，斯密就明确地将交换能力的范围与市场范围画上了等号。在他看来，交换是人类的天性，交换又与市场二位一体。因此，对斯密来说，市场的形成与存在不是需要讨论的问题。市场之所以重要，主要是因为它决定了分工的范围，从而决定了劳动生产率提高的潜在可能性，决定了国民财富增长的可能程度。

那么，斯密在什么情况下比较多地讨论到市场呢？其实，就是在分析分工范围受市场范围限制时，他才对市场有较多涉及。他以搬运工为例来讨论此问题，他说，"有些种类的产业，即使是最低级的一种，也只能在大城市中进行"，因为"一个搬运工在其他地方就找不到工作维持生活。一个村庄对他来说，范围太狭小了，甚至一个普通的集市，也很少有大到足以使他维持固定职业的程度。……水运，为每一种产业开辟了更加广阔的市场"。④这就说明，在亚当·斯密看来，市场范围的大小，决定了人们交换能力的大小，也决定了人们的交换程度的高低，进而决定了劳动生产率提高的可能性。显然，在他的体系里，市场是国民财富增长的极为基础而重要的环节。

在这段话里，斯密的市场指的是什么呢？显然，市场就是人们进行交换的场所（"集市"）和交换的潜在辐射范围（"更广阔的市场"）。但是，人们为什么会制造交换场所呢？如何确定其辐射范围呢？斯密再次没有解释。从其论述的潜在逻辑来看，他的观点是，因为人们需要交换，交换需要场所，市场自然就产生了，市场的辐射范围是由产业性质或者产品的运输方式决定的。所以，如果一定要从斯密的理论中，去剖析他的市场形成思想，那么，我们可以认为，在他看来，市场的形成，取决于"人性中无法给予进一步解释的原始本能"，即交换。斯密主张自由放任的市场制度，一方面，将市场置于其经济理论的核心位置，认为一国的经济运行，是由千千万万的理性经济人，从市场这只看不见的手里获得信息，各自出于寻求利益最大化的目的，独立做出经济决策来实现的；但另一方面，关于在经济运行中如此基础并且如此重要的市场是怎样形成的，他却没有进一步的分析与证明，而是直接用"人性中无法给予进一步解释的原始本能"来进行解释。也就是说，在他的理论体系里，市场的形成，与分工一样，都是一个自然的过程，也是一个默认的逻辑前提。

这就形成了一个非常有意思的话题：为什么在斯密的理论体系中如此重要的市场，他并不展开论述，而把它当作不言自明的逻辑前提呢？我们当然可以用上文的理解来解释，即他以"人性中无法给予进一步解释的原始本能"——交换说明了市场存在的必然性。但更重要的原因，应该从其分析理路中去寻找。我们知道，斯密创建了古典经济学，古典经济学理论的核心是劳动价值论。劳动价值论的研究焦点是生产，在劳动价值论看来，国民财富增长源自劳动而非流通。因此，在写作《国富论》的年代，斯密虽然亲眼见到了成熟的资本主义市场体系，但在其分析路径上，作为流通环节的市场只能是帮助实现劳动价值的媒介，并不直接产生价值。所以，研究市场，应该着眼的是其特性、功能，尤其是其功能、特性如何具体发挥作用并帮助实现劳动价值。市场自身的价值，在其体系中，无法直接以劳动价值来做出合适的衡量，也很难在生产三要素——土地、资本、劳动力的理论中找到合适的位置。斯密关于市场是"看不见的手"的洞见，以及关于供求关系与市场效率的讨论，分析的都是市场的功能、特性。在这些论述中，斯密已经把市场抽象为一种机制，而不仅仅是具体的交易场所。这一抽象，使斯密以及后来的古典经济学家，都较少从"机制何以可能"的角度去从具体的经济生活中寻找答案。唯其如此，市场虽然在其理论体系中具有决定性意义，但市场形成的逻辑却没有得到足够的分析。

2. 资本主义国内市场是经济体系自身演进的结果

马克思主义经济学家对斯密的理论既有吸收，也有批判。马克思和恩格斯首先就不同意斯密"分工源于人们天性中的交换倾向"的观点，他们认为分工决定交换，并在此基础上，论述了从分工扩大、交换发展、生产力提高、大机器出现到资本主义国内市场形成的过程，进而推导出其逻辑——资本主义国内市场的形成，主要是经济体系自身演进的结果。

尽管马克思也承认"交换和分工互相发生影响"，但他反对斯密"分工源于人们天性中的交换倾向"的观点，认为不是交换决定分工，而是分工决定交换。他指出："分工……至少在交换之初，与其说是交换的结果，倒不如说是交换的原因。"⑤"如果没有分工，不论这种分工是自然发生的或者本身已经是历史的成果，也就没有交换。"⑥

恩格斯在此观点的基础上，进一步总结了交换的发展进程。他在《家庭、私有制和国家起源》中指出："在野蛮时代低级阶段，人们只是直接为了自身的消费而生产；间或发生的交换行为也是个别的，只限于偶然留下的剩余物。在野蛮时代中级阶段，我们看到游牧民族已有牲畜作为财产，这种财产，到了成为相当数量的畜群的时候，就可以经常提供超出自身消费的若干余剩；同时，我们也看到了游牧民族和没有畜群的落后部落之间的分工，从而看到了两个并列的不同的生产阶段，从而也就看到了进行经常交换的条件。在野蛮时代高级阶段，进一步发生了农业和手工业之间的分工，从而发生了直接为了交换的、日益增加的一部分劳动产品的生产，从而使单个生产者之间的交换变成了社会的迫切需要。文明时代巩固并加强了所有这些在它以前发生的各次分工，特别是通过加剧城市和乡村的对立（或者是像古代那样，城市在经济上统治乡村，或者是像中世纪那样，乡村在经济上统治城市）而使之巩固和加强，此外它又加上了一个第三次的、它所特有的、有决定意义的重要分工：它创造了一个不从事生产而只从事产品交换的阶级——商人。"⑦可见，在恩格斯看来，交换是分工的结果，野蛮时代初级阶段几乎没有交换，只有到了野蛮时代中级阶段，产生了经常超出自身消费需要的畜群，才能形成经常交换的条件，而野蛮时代高级阶段农业和手工业分工出现之后，以交换为目的的商品生产出现，交换成为一种社会需要，文明时代则巩固了这种交换，并且创造出专业从事交换的商人阶级。

马克思在《资本论》中，在分工决定交换的逻辑基础上进一步指出："交换的不断重复使交换成为有规则的社会过程。因此，随着时间的推移，至少有一部分劳动产品必定是有意为了交换而生产的。"⑧ 这就是说，马克思和恩格斯一致认为在分工的基础上，交换不断重复，形成社会规则，最终形成出于交换目的而进行的生产。概而言之，马克思和恩格斯关于交换的基本观点是，由于劳动生产力水平的不断提高，出现产品剩余，开始形成交换，随着农业、手工业的分工，交换规模扩大，形成交换的社会规则，产生为交换而进行的生产，并最终导致商人阶层的形成。这一吸收了人类学研究成果的逻辑分析，成为经典的商业形成理论，也成为中国古代史教科书中关于市场与交换的书写范式。

当然，必须指出，马克思并没有从交换以及商人的产生，就推导出市场的产生。马克思本人从未探讨过作为商品交易场所的市场的形成，在马克思的经济学体系中，"市场"所指，基本上是资本主义国内市场，即在高度发达的商品经济基础上将全国各地区经济融为一体的交易系统。马克思曾指出，"市场既包括使资本作为商品资本出售的劳动，也包括使资本作为货币资本进行购买的市场"⑨，显然，在这里，市场不是简单的交易场所，不是简单的商品交易聚集地，也不是潜在的商品辐射范围，而是一种与资本主义联系在一起的经济体系。⑩马克思在《资本论》第24章"所谓原始积累"中，专题讨论了"国内市场的形成"。他指出：随着圈地运动和资本原始积累的发展，在英国，"大工业才用机器为资本主义农业提供了牢固的基础，彻底地剥夺了极大多数农村居民，使农业和农村家庭手工业完全分离，铲除了农村家庭手工业的根基——纺纱和织布。这样，它才为工业资本征服了整个国内市场"⑪，"一部分农村居民的被剥夺和被驱逐，不仅为工业资本游离出工人及其生活资料和劳动材料，同时也建立了国内市场。事实上，使小农转化为雇佣工人，使他们的生活资料和劳动资料转化为资本的物质要素的那些事件，同时也为资本建立了自己的国内市场。以前，农民家庭生产并加工绝大部分供自己以后消费的生活资料和原料。现在，这些原料和生活资料都变成了商品；大租地农场主出售它们，手工工场则成了他的市场。纱、麻布、粗毛织品（过去每个农民家庭都有这些东西的原料，它把这些东西纺织出来供自己消费），现在变成了工场手工业的产品，农业地区正是这些东西的销售市场。以前由于大量小生产者独自经营而造成的分散各地的许多买主，现在集中为一个由工业资本供应的巨大市场"⑫。

在上文中，马克思以英国为例，分析了资本主义国内统一市场的形成逻辑。在马克思的逻辑体系里，市场背后的剥削关系、政治关系、法律体系均得以揭示，这是他区别于古典经济学家的高明之处。但在马克思看来，资本主义国内市场的形成，主要还是由生产力发展、社会分工所驱动的，在本质上，它属于经济自身演进的结果。关于这一逻辑，我们早已耳熟能详，无须再做阐述。不过，需要注意的有以下三点。第一，这段文字提醒我们，马克思深刻论述了资本主义国内市场形成的逻辑，却并未讨论资本主义国内市场形成之前，斯密曾讨论的作为商品交换聚集地的市场的属性，这些"市场"，马克思基本只用"交换"一词来指称。第二，虽然马克思没有深入讨论资本主义国内市场形成之前商品交换聚集地的属性，但上文中仍然涉及"市场"的多种含义，"手工工场则成了他的市场""农业地区正是这些东西的销售市场""一个由工业资本供应的巨大市场"中的"市场"，分别指产品的销售对象、需求方和产品的销售地域。这说明，马克思所讨论的市场是资本主义性质的，但其含义仍相当复杂。第三，马克思虽然分析了资本主义国内市场的形成，但是他的论断也是以生产为导向的。他关注的资本、土地、劳动力以及生产力和生产关系（主要体现于劳动工人与资本的关系）等问题，均从分析劳动生产创造价值的角度立论。

3. 简单商品市场的自然形成

不过，虽然马克思并未探讨作为销售对象或者作为商品聚集地含义的市场形成之逻辑，但是，后来的研究者帮他总结了这一意义上的市场形成的逻辑，实际上也认为市场的形成是一个自然的过程。这主要是因为从分工到交换的逻辑，特别是恩格斯关于三次社会大分工的论述，以及由此而来的商人阶级形成的结论，使后来的研究者觉得不能忽视资本主义国内市场形成之前的商品贸易及其市场在整个市场形成过程中的逻辑位置。于是，后来的马克思主义研究者们，主动为其市场形成的逻辑体系补充了一个环节，并且似乎达成了共识。下面所列几种表述，就是经过补充、我们许多人经常接触并接受、已经成为"经典"的"结论"。

第一，市场是随着社会生产的发展而产生并不断发展完善起来的。在人类生产发展的历史上，为了解决社会生产发展的内在矛盾及其外在对立，由偶尔的商品交换、集市贸易发展到专门化的市场的出现，逐步适应了生产发展的需要。而后随着生产的日益社会化的发展，市场也在不断发展完善。⑬

第二，随着劳动生产力的提高，人们用来交换的剩余产品的数量和种类越来越多，人们对交换的经常化和固定化的要求便越来越强烈，从而在那些固定进行交换的地点，形成了市场。⑭

第三，从原始社会末期到资本主义社会以前，简单商品生产阶段的市场主体，主要是小商品生产者，与简单商品生产阶段相适应的市场，主要是商品市场。随着简单商品生产转化为社会化的商品生产，进入市场交换的不只是劳动产品，还有劳动力和资本等生产要素，交换活动亦由短期交易向长期交易延伸，由地区市场向全国市场和国际市场扩展，逐步形成市场体系。⑮

第四，在简单商品生产阶段，与之相适应的是分散、狭小的简单商品市场，而且各地的小市场之间也很少有经济联系。随着商品经济的发展，简单商品市场逐步转变为资本主义大市场。⑯

就是说，马克思论证了"资本主义国内市场"的形成逻辑，却并未论证作为商品交换场所、销售对象、销售地域、交换过程等意义上的"市场"的形成逻辑。国内学者们则在资本主义国内市场形成之前，补充了一个"简单商品市场"阶段，来替马克思建构起"完整的"市场形成体系理论。这大概是研究者们出于拥有数千年历史的传统中国有着发达的商品经济，却没有形成资本主义国内市场的事实，而不得不增加的一个环节。伴随着这一环节的增加，学者们进一步总结了"简单商品市场"形成的机制：由于简单商品交换量的增加，经常化和固定化的交换地点，主要是一些交通要道和人口聚集地，就形成了交换场所，即市场。显然，这并非马克思本人的研究结论，也过于简单化了市场的内涵和外延，却成了目前中国通史教科书中讨论市场形成问题的主流观点。显然，这一观点，并未真正触及"简单商品市场"的形成机制，学者们几乎都把市场的形成视为一个自然的过程——一个由交换而必然带来的经济结果。这也就是说，目前学术界从古典经济学和马克思主义经济学角度出发，分析市场的形成过程和机制的研究，基本都认为市场的形成是一个自然的过程。

与"简单商品市场"有些类似的讨论，是费尔南·布罗代尔的"初级市场"理论。在历史学家中，布罗代尔是为数不多的直接在人类的理论宝库中留下了重要贡献的人物。在《15至18世纪的物质文明、经济和资本主义》中，布罗代尔以其《地中海与菲利普二世时代的地中海世界》中所采用的结构主义分析框架，构建了人类经济生活的三个层次，即物质生活、市场经济和资本主义的理论架构。对此，张芝联有非常精到的总结。他指出，布罗代尔认为1500—1800年的经济生活可分为物质生活、市场经济和资本主义三个层次。其中物质生活是最基层的，涉及人们最基本的衣、食、住、行等方面，在这一层次，人类大量的经济活动是分散的自给自足、以货易货和互相服务；第二层是市场经济，市场经济是生产与交换的一种机制，它将农村活动、摊贩、店铺、作坊、交易所、银行、集市、市场紧密相联，将人类的经济生活联结成为一个整体；第三层是资本主义，这是一种由少数商人(大资本家、批发商、银行家等)组成的垄断经济，市场经济与资本主义是两个不同的概念，市场经济不一定是资本主义性质的，甚至可能是反资本主义的，而资本主义很可能对市场经济造成阻碍与破坏。⑰布罗代尔认为，在市场经济层次之前，也就是在物质生活层次中，存在的市场叫作"初级市场"，就是那种或通过流动的商贩或由生产者自己联结起来的农民与农民、农民与作坊，并且加入了流动的匠人和铺主的集市等，它们将使用价值变成交换价值，这种市场既是交换场所，也是交换过程。[18] 这与国内学者总结的"简单商品市场"有一定程度的相似性。布罗代尔还根据施坚雅《中国农村的市场和社会结构》一书的研究[19]，直接分析了传统中国的市场，将其置于"初级市场"的分析框架内。[20] 当然，对于本书的主题来说，布罗代尔的经济生活三层次理论的意义，并非仅仅在于其"初级市场"理论与"简单商品市场"的某些相似性，也不仅仅在于其"初级市场"与其"市场经济""资本主义"的关系以及与"简单商品市场""资本主义国内市场"的逻辑相关性，而在于其分析框架的结构主义特征，决定了其分析重点在结构，而并不深究市场形成的逻辑。在本书关心的议题上，他重点描述的是物质生活中交换的出现、扩大，市场的兴起的历程以及不同市场的透明和不透明特征等问题，而不是分析市场形成的逻辑。正是在这个意义上，我们将布罗代尔关于市场问题的鸿篇巨制放在这里讨论。

4. 市场是"人类行为而非人类设计的秩序"

20世纪40年代以来，自由主义经济学家的旗手级人物哈耶克进一步发展了作为自然过程的市场形成理论。弗里德里希·奥古斯特·冯·哈耶克，出生于奥地利，在奥地利获得博士学位，受米塞斯的自由主义经济学思想影响颇深。1931年受聘于伦敦政治经济学院，1938年加入英国国籍，1974年因为其货币政策和经济周期理论而获得诺贝尔经济学奖。哈耶克主张自由市场经济，反对国家干预，因而在政治上反对社会主义。哈耶克在《致命的自负——社会主义的谬误》一书开篇即宣称："本书所要论证的是，我们的文明，不管是它的起源还是它的维持，都取决于这样一件事情，它的准确表述，就是在人类合作中不断扩展的秩序。这种秩序的更为常见但会让人产生一定误解的称呼是资本主义。为了理解我们的文明，我们必须明白，这种扩展秩序并不是人类的设计或意图造成的结果，而是一个自发的产物：它是从无意之间遵守某些传统的、主要是道德方面的做法中产生的，其中许多这种做法人们并不喜欢，他们通常不理解它的含义，也不能证明它的正确，但是透过恰好遵循了这些做法的群体中的一个进化选择过程——人口和财富的相对增加——它们相当迅速地传播开来。"㉑哈耶克的自由主义观念在这里表达得非常直接甚至粗暴：我们的文明，"是在人类合作中不断扩展的秩序"，它"不是人类的设计或意图造成的结果，而是一个自发的产物"！也就是说，在他看来，"我们的文明"不需要某种特别的权力横加干预。

那么，这个可以称之为"我们的文明"的作为自发产物的"扩展秩序"，在那个时代人们最为熟悉的表达中拥有的概念是什么呢？它跟市场有何关系呢？哈耶克说，"这种秩序的更为常见但会让人产生一定误解的称呼是资本主义"，也就是说，资本主义是比较合适的用来指称这种秩序的概念。哈耶克的所谓资本主义，虽然也表达一种以获取收益为目的的资本活动所构成的制度体系（这基本上是各种资本主义观的共同认识），或者说秩序，却不是马克思意义上的资本主义（偏重揭示剥削关系），也不是布罗代尔意义上的资本主义（偏重垄断），而是强调其自由市场属性。在他看来，在一定意义上，资本主义就是自由市场体系。而正如他所说，这种秩序是自发的产物，根本不是人类的设计或意图造成的结果。接下来，在《致命的自负——社会主义的谬误》第三章"市场的进化：贸易与文明"中，他继续以大量篇幅和丰富的史实，论证了人类市场的兴起是自发的产物，而不是政府干预的结果。㉒当然，哈耶克所论述的市场，和马克思的论述具有相同的地方，都是侧重于资本主义国内市场，而不是简单的商品聚集地。哈耶克还进一步讨论了市场价格，他认为市场价格是自由价格，是一种"由人类行为而非人类设计"产生的秩序。在这一理论体系之下，价格是市场运作的核心。在这个意义上，认为哈耶克相信商品聚集地意义上的市场，其运作逻辑也是"人类行为而非人类设计"的结果，或可庶几近之。

综上所述，对于市场形成的理解，古典经济学、马克思主义政治经济学，以及新自由主义经济学，都存在着一个共识：市场是自然的人类行为的结果。用哈耶克的话来说，那就是，市场其实是一个"人类行为而非人类设计的秩序"。

二、交易的达成需要制度

1. 制度环境的形成是市场形成的基础

在新古典经济学之后，新制度经济学提出了关于市场形成的新理解——市场的形成需要大量复杂的制度建构。新制度经济学继承了新古典经济学的理性选择模型，从交易成本理论入手，发现市场交易的达成，需要一系列成本，为了降低成本，需要一系列制度的保障。新制度经济学认为，与经济成长的斯密型动力一样，一个保证"私人收益率接近社会收益率"的制度，也是经济增长的重要原因。㉓在新制度经济学的理论引导之下，人们发现，在市场形成过程中，为了达成交易，降低交易成本，需要大量复杂的制度建构。

当然，不可否认，当我们区分新制度经济学与古典经济学时，还是应该强调，二者有着相同的理论预设：世界上的人都是理性经济人，经济人的经济行为都是理性选择的结果，选择的原则是以最小的投入获得最大的回报。在这样的预设之下，逻辑演绎的必然结果是，人们为了利益最大化，必须实行技术分工，必须与他人交易，因此，市场必不可少。在这个意义上，新制度经济学与古典经济学并无差别。但是，新制度经济学认为古典经济学不考虑交易成本是个明显的错误，交易成本现实存在，必须将交易成本引入古典经济学，通过分析制度对交易成本的影响，才能有效地解释经济的实际运行，最终完善古典经济学的逻辑体系。关于交易成本与市场形成的关系，我们可以从新制度经济学的创始人之一——罗纳德·科斯的一个经典论断中得到启示。他指出："市场的运行要花费一些成本，形成一个组织并允许某个权威（一个'企业家'）来配置资源能够节省某些市场运行成本。"㉔"建立企业有利可图的一个主要原因似乎是，价格机制本身是有成本的。通过价格机制'组织'生产的一个最明显的成本就是发现相关价格的成本。随着专门出售这种价格信息的人的出现，这一成本可能会下降，但是不会消除。价格机制的成本还应该包括为市场上进行的每一笔交易所进行的谈判和签约的成本。在特定的市场，比如农产品交易市场中，人们能够设计出一种技术来最小化这种契约成本，但是它同样不能被完全消除。当然，在企业内部，契约也不会完全消失，但却大大减少了。"㉕这等于是说，由于市场运行存在交易成本，为了降低该成本，市场需要形成组织，由该组织来配置资源，即以最低成本协调各生产要素的利用。显然，这种市场运行中，组织（或者企业）具有关键意义。㉖这一配置资源的组织，在科斯的论断中，是企业，而在新制度经济学的更多论断里，这一组织可以是其他类型，在诺斯的体系中，这一组织甚至主要是国家。可见，虽然新制度经济学和古典经济学同样认为市场在经济活动中不可或缺，但是，古典经济学默认的前提里，既没有交易成本，也没有外部性，因而古典经济学认为市场是一个自然的过程，而制度经济学认为市场中包含了交易成本，导致了一系列影响市场运行的制度与市场共生共长，成为市场的组成部分。因此，在新制度经济学看来，市场并不一定可以自发形成，它往往由组织甚至国家来完成。不过，从总体上来说，新制度经济学所讨论的这些制度，不过是从属于新古典模型的新维度而已。因此，从理论上说，新制度经济学为市场是一个自然过程的论断增加了变量，在与古典经济学理论预设相同的情况下，指出了市场形成所需要的制度环境（包括组织、国家等因素）。当然，新制度经济学所谓市场，既包括作为商品交易地、商品的购买人群和辐射范围等层面的市场，也包括资本主义统一市场。

那么，在这种交易的具体达成上，制度如何发挥作用呢？

一般认为，人类最早的交换，是某人离开自己的部落到其他部落游猎或者游玩时，发现其他部落的人拥有自己所没有，却非常吸引自己的东西，而自己所携带的某件东西，也对对方造成了同样的吸引，于是，二人或明或暗地互相表达兴趣、喜爱，然后磋商与谈判，最后达成物物交换。但是，当更多的人出现在这个部落，分别带着不同的东西，造成三角或者更多角的喜欢之后，上述简单的一对一物物交换模式就失效了。这时，需要解决很多问题才能达成交易。这些问题包括且不限于：

如何通过大家可以交流的语言进行沟通，度量衡如何可以统一计量，多种物品之间如何达成等价标准，等等。

在此基础上，从进化论的逻辑加以演绎，必将会形成更大规模的人员流通，同一个地点将流入来自更远距离的产品。这时，较大规模的交易形成，规模扩大，更多交易问题产生。为了达成交易，某些问题必须解决，制度得以介入。正如彭凯翔所说："市场如果要在现实中开展，就必须要面对……一些基本约束"，"首先当然是交通通信技术，它和地理环境结合在一起，决定了交易的范围、速度等时空属性，乃至塑造了经济生活的基本节奏"，而且，"交易过程并不是等价交换这么简单，评量、交割等细节都麻烦不断"，还必须处理"交易实态中的货币、度量衡问题和讨价还价中的各色名目"才能达成交易[27]，因此，必须有相应的组织和市场制度，市场才得以运行并调节资源配置。而组织与市场制度，又受到相应的文化体系所约束。彭凯翔认为，在中国，这一组织主要是民间自组织而非商人、地方或民间团体以其垄断势力而造成，它为中国传统的礼法体系以及习俗所约束，市场紧密结合到社会当中。[28]用通俗且与制度经济学本意庶几近之的文字来表达，那就是一个作为商品聚居地的市场的形成，首先需要解决信息传播问题，即人们何以得知可以将某种特定产品投放到这个市场，以及可以在这个市场购买到何种产品，然后需要解决交通运输以及一系列其他问题，包括但不限于使用不同货币的人们在度量衡不统一的条件下如何在这一市场上解决货币以及度量衡的差异问题，谁来担任交易的中间人，交易过程中发生纠纷如何解决，产权和合同如何得到保护，等等。[29]这些问题的解决，需要一个系统，这一系统可以保证市场的有效运行。这一系统既可以由民间自组织来实现，也可以由国家或者地方政府来组织，还可以是二者的结合体来操作，但是无论如何，它都结合了习俗和社会，无法脱离社会构成单独的系统，二者二元一体。从这一角度看，市场的形成已经很难说是市场自身的自发过程了。

2. 国家的介入促成了市场经济的形成

实际上，研究市场形成的经济学家中，还有一位影响甚巨的人物，也提出了类似的观点，他就是诺贝尔经济学奖获得者——约翰·希克斯。他在其 1969 年出版的名著《经济史理论》中，深刻地论述了人类的经济体系从习俗经济、指令经济向市场经济的转变。他指出：如果要建构一套关于人类经济史的理论，"我们应从何处着手呢？有一个转变是马克思的资本主义兴起的前提。按现代经济学的看法，这一转变似乎更加重要。这就是市场的出现，交易经济的兴起"㉚。那么，市场是怎样兴起的呢？何帆总结道，在希克斯看来，"从古代社会来看，在市场经济正式出现之前，贸易的发展实际上经历了两种不同的道路。一条是我们熟悉的，从习俗经济中逐渐演化出市场组织：在一片自给自足的汪洋大海中，市场缓慢地浮出水面；另一条则常为人们忽视，希克斯指出，指令经济（国家力量）也能推动商业的扩张。以政府部门的庞大需求为依托，可以直接进入大规模商业"㉛。

希克斯着重分析了古典经济学关于市场起源理论的缺陷，指出"从亚当·斯密以来，我们一直习惯于把分工与市场发展联系起来，所以当人们认识到这不是它的起源时，便大吃一惊。……它确乎意味着专门化……专门化实际上是一个规模经济学的问题；它的确有赖于需求的集中；但市场只是可以使需求集中的办法之一。还有另一种办法，它在典型的官僚政治中早就非常有力地显示出来了；甚至在封建领主家庭也已不可忽视地出现了"㉜。这种办法就是保证官僚政治或者封建领主家庭开支的"岁入经济"。也就是说，为了岁入，官僚政治或封建领主家庭采用了商人和商业的方式，这种贸易的兴起，与分工无关却与国家或者领主的需要即指令经济有关。然而，"遗憾的是，在这两条道路中无论沿着哪一条路线演进，都走不到我们所说的市场经济。一方面，商人之间的互相信任和自律虽然可以创造种种商业传奇，但是，商业的深入发展需要两个条件，一是保护财产权，二是保证合同履约。自发的商人团体固然能提供许多这方面的服务（或许比我们所能想象到的还多），但这类公共产品，最终还是要由国家出面提供，才有可能达到最优规模。另一方面，国家能推动商业扩张，也就能在旦夕之间毁掉商业"[33]。希克斯进而指出了国家在欧洲市场经济演进过程中的两次关键性介入，"一次是古希腊时期城邦国家促进对外贸易的发展；另一次是近代欧洲民族国家兴起的同时，也确立了市场经济的主要制度创新（资本市场、股份公司和现代税收体制等）"[34]。显然，在希克斯看来，人类经济从习俗、指令体系到市场经济的演进过程中，国家的介入是关键性的，它不仅包括法律的建构，保护产权和保证履行合同，也包括货币体系的发展与完备。而且，必须说明的是，虽然希克斯开篇即指出市场的兴起是构建经济史理论的关键，但他所讨论的市场，是市场经济而非作为商品聚集地或者作为人与人交换的场所的市场。而且，他的讨论，同样仍从属于古典经济学模型，但他与新制度经济学的观点一致，认为市场的形成，需要社会、组织甚至国家的参与。

三、市场嵌入社会

市场交易的达成，无法脱离组织与社会，这不仅是新制度经济学对市场的理解，更是 20 世纪的社会思想家们的重要论点。在这方面，卡尔·波兰尼是哈耶克市场乃"人类行为而非人类设计"主张的截然对立面。卡尔·波兰尼，1886 年出生于奥匈帝国，在布达佩斯完成博士学位，1933 年移居伦敦，1941 年到达美国，后在哥伦比亚大学获得教职，1944 年出版了其名著《大转型：我们时代的政治与经济起源》一书，获得了巨大的影响力。诺贝尔经济学奖获得者、著名经济学家斯蒂格利茨总结道，"波兰尼揭穿了自由市场的神话：从来没有存在过真正自由、自发调节的市场体系"[35]。波兰尼开篇明义地宣称："我们的主题是：这种自我调节的市场的理念，是彻头彻尾的乌托邦。"[36] 在波兰尼看来，所谓自我调节的市场，指的是"是一种由市场价格引导并且仅由市场价格引导的经济。这种能够在没有外界帮助或者干预的情况下组织整个经济生活的系统当然值得被称作自发调节"[37]，他认为，这种市场经济在人类经济史上并不存在。

作为《资本论》和《新教伦理与资本主义精神》之外最具影响力的经济史著作[38]，波兰尼在其《大转型：我们时代的政治与经济起源》一书中，总结了人类历史上市场经济的形成过程。首先，他从分析原始人的经济生活和经济史开始，批判了亚当·斯密的市场形成理论，他说，"亚当·斯密时代的人们认为原始人具有交换和交易倾向"，是因为"他们试图将市场经济的法则奠基于人类在自然状态中所具有的所谓秉性之上"，"这种对早期文明的主观主义态度不应该对科学头脑有任何吸引力。开化的民族与'未开化的'民族间存在的差别被大大地高估了，特别是在经济领域"。㉟"通过交换来获取利益和利润这样一种动机，在此之前确实从未在人类经济中扮演过重要角色。尽管市场这种制度自从新石器时代之后就相当常见，但它从来没有扮演过超出经济生活的附带现象的角色。"㊵"或许这种假定看起来很自然：假如个体倾向于进行交换，那么随着时间的推移终将导致地方市场的形成，并且这些市场一旦存在，就会同样自然地导致国内市场或全国市场的建立。可是，以上两种推论无一属实。"㊶他进而从大量人类学研究出发，指出人类经济史上最重要的经济原则有三种：互惠型、再分配型和家计型。"互惠，就是我为你做一些事情；到时候，你也帮我一些忙"；再分配型则会形成一个中心点，"中心性提供再分配的可能性，比如猎人打到猎物，放在一个中心点，没打到猎物的人也可以分到。当然这只有在同一首领管辖下才有效，仅适用于一定的地盘、社区里面"；家计型则"以家庭为单位决定自己的用途而生产，而不是为了获取最大利润，当成商品生产"。㊷ 也就是说，人们可以以礼物交换、财物再分配或者家计生活等形式，实现市场经济体系下的市场交换功能。不仅在东方、非洲和南美，"宽泛而言，我们已知的、直到西欧封建主义终结之时的所有经济体系的组织原则要么是互惠，要么是再分配，要么是家计，或者三者之间的某种组合"㊸。在这种体系中，社会关系和荣誉被人们视为最重要的东西，经济从属于社会，受到社会、政治、文化的约束，市场并不作为脱离或者超越社会的单独运行机制并控制社会的运行。经济与社会的这一关系，波兰尼称为经济"嵌入"社会。

在此基础上，波兰尼分析了自由市场制度的形成过程。他认为，在市场嵌入社会的三个经济原则之下，人们的经济行为，并非完全与理性经济人的逻辑"利益最大化"一致，荣誉与社会关系，是人们经济行为的准则之一。波兰尼认为，作为"人们为了交换或者为了买卖而汇聚的场所"⑭的市场，其实很早就已存在。但是，直到工业革命前，它们都是分别孤立与隔离地出现在远距离对外贸易与地方贸易中的，并不会形成一个全国性的市场。"远距离贸易……是货物的地理分布以及据此形成的地域分工的结果。……但这些贸易并不必然涉及市场。就其起源而言，对外贸易的性质更接近于冒险、探险、狩猎、海盗和战争，而不是以物易物。对外贸易可能既不意味着双边性，也不意味着和平，即使它具有这种意涵时，也通常是在互惠而不是以物易物的原则下组织起来的"⑤。而"典型的地方性市场是这样的：家庭主妇从中获取部分日常所需，粮食和蔬菜的种植者、地方上的手艺人则在其中出售自己的劳动产品，一般都不受时间和空间的影响。这样的地方市场见于各个时代、各个地区。……它们乃是地方生存（local existence）的附属物……从本质上说，地方市场是邻里市场，并且尽管对社区生活十分重要，它在任何地方都不曾显示出将当时主导的经济体系化约为它自己的模式的迹象。它并不是国内或全国贸易的起点"⑥。它们虽然具备以物易换的交换特征，但无力将自己的模式演化成具有主导性的经济行为准则。因此，"不管是远程贸易还是地方贸易，都不是现代国内贸易的起源"⑦，而且，"城镇会尽可能树立障碍来阻遏资本主义批发商渴望的那种全国性市场或国内市场的形成"⑧。只有当重商主义推动国家干预远程贸易和地方贸易之后，这种市场才能形成，"它强有力地支持我们对市场起源的判断"，"西欧国内市场实际上是由国家干预所创造的"。㊾"在 15 和 16 世纪，欧洲各国政府有计划地将商业制度强加于具有强烈保护主义倾向的城镇和公国头上。通过打破横在地方性贸易和城市间贸易这两种非竞争性的商业之间的隔阂，重商主义摧毁了这两种贸易所体现的特殊化，并由此为全国性市场的出现扫清了道路。"㊿原本在经济体系上并不关联的对外贸易和地方贸易，以及广大乡村的农民，终于被卷入这一市场体系，国内市场得以形成。而更为重要的是，当作为自然物品的土地、劳动力和货币被虚拟商品化以后，人们经济行为的准则发生变化，自我调节的市场得以产生。所谓商品，波兰尼定义为"被经验性地界定为为了在市场上销售而生产出来的物品"㉛，显然，土地、劳动力和货币的自身属性，并非为销售而生产的物品，而更多的是自然物品。但是，随着英格兰 1563 年的《技工法》、1601 年的《伊丽莎白济贫法》把劳动力国有化，1832 年的《议会修正案》、1834 年的《济贫法修正案》规定工人阶级不得投票并且将其与贫民区分开来而使其得不到救济，工人阶级便不得不出卖劳动力了，劳动力终于被虚拟商品化。几乎与此同时，土地与货币也在国家干预之下被虚拟商品化。[52]在这样的经济体系上，以最小投入获得最大回报的理性经济选择，成为人们的经济行为的新准则，在这一准则之下，经济抉择依据价格机制，市场企图脱离社会控制，社会成为市场的附属品，社会中的一切行为均由价格机制来驱动，互惠、再分配、家计等体系不再成为人们交换经济行为的准则。显然，这是非常恐怖的事情。波兰尼因而将19世纪以来的市场体系的这一巨变，视作1914年以后世界大战和经济大萧条的起源。这一巨变，在波兰尼看来，显然不是一个自发的过程，而是重商主义和国家合谋的结果。

显然，虽然波兰尼将上述内容称为"我们对市场起源的判断"[53]，但波兰尼所论述的"市场起源"中的市场，并非他所说"市场则同样被经验性地定义为买方和卖方之间的实际接触"的这类市场，而是资本主义国内市场。在论述对象上，他和哈耶克实际存在一致性。但在观点上，他们之间截然对立。

行文至此，我们似乎可以对市场形成理论做一个简要的小结了。关于市场形成的讨论，学术界侧重于讨论市场经济之市场，而非发生学意义上的市场——作为商品交易地点的市场。古典经济学认为，市场是经济学研究默认的逻辑前提，是不言而喻的存在，它的形成是自然的人类行为的结果；新自由主义经济学在古典经济学的基础之上，继续强调市场自发形成的理论，强调"市场是人类行为而非人类设计的秩序"；新制度经济学则在古典经济学理性选择模型的基础上，强调了在古典经济学模型里被忽略的变量——制度对市场形成的意义，认为市场的形成需要一系列复杂的制度构建；波兰尼则认为，有史以来人类社会主要的经济模式有互惠、再分配和家计三种类型，在这三种类型中，人类行为主要取决于人们的社会关系、荣誉感而非经济理性，市场在其中的运转，完全内嵌于社会当中，就算市场经济形成以后，市场企图从社会脱嵌，但并未取得成功，它仍然嵌入于社会当中。近来，符平从市场社会学的角度出发，对市场理论的学术发展亦有一较为简单精确的总结。他说："我们可以将关于市场的学术立场和观点列在一个知识的连续统中。'作为自我调节的市场'一端是社会缺席的，而另一端'作为社会构件的市场'则强调社会存在的总体性事实，在连续统两端之间，还有倾向于经济学和社会学合作的各种折衷主义流派的市场观。"㉔符平所说的社会缺席的一端，指的是古典经济学的理性选择市场模型，在这一模型里，市场就是利用价格机制进行资源配置的手段，政治、社会、文化在其模型中均属常量。而将市场看成是社会构件的另一端，指的就是波兰尼的"市场嵌入社会"理论，在这一体系中，市场不是脱离社会而存在的事实，而是像建筑材料之于建筑一样的社会构件，它与社会的其他构件，如政治、习俗、人际关系等共同形成社会以及市场本身的运转，市场的运转以及从其运转中获取利润并非人们追求的全部。这两种市场理论的代表，首推亚当·斯密、哈耶克与波兰尼。而我们上面所讨论到的新制度经济学，以及没有讨论到的以格兰诺维特为代表的关系网络嵌入论的市场社会理论⑤，则介于关于市场观点的两端的中间。其中，新制度经济学在古典经济学的基础上，将交易成本等因素加入理性选择模式当中，讨论到了制度对市场形成的意义。关系网络嵌入论则与之相反，将市场与社会看成是两个分离的社会事实，人际关系网络以及政治、文化因素作为社会要素嵌入市场，影响市场的形成与运作，本质上属于嵌入论，但并不认为市场本身是社会的构件。⑥

四、市场形成的研究路径

学术界众多大师加入市场形成问题的讨论，成果之丰富令人瞩目。企图在大师们的工作基础上再有创获，显然是非常困难的事情。本书仍以此为选题，无非是希望通过清代食盐走私的经验事实，在大量理论研究的基础上，为市场形成理论提供一些具体细致的逻辑思考。

市场是一个复杂的概念。美国斯坦福大学约翰·麦克米兰教授 2002 年对市场的定义是，市场就是实现自愿交换的场所（包括虚拟场所），在这里，任何一方都可以拒绝也可以接受交易条款。如果交易的双方或一方受制于某一权力，这种交易就不是市场。[57]显然，这是典型的古典经济学的市场界定。但是，市场不止有这样一种定义。有时候，市场也指某种商品的销售对象，包括人群和辐射地域；而更多的时候，市场更是指一种抽象的交换系统，一种以理性选择为依据的价格机制。在这一意义上，市场更接近于市场经济、市场体系的简称。这种抽象的市场，麦克米兰教授认为是众多具体市场的叠加。而在新制度经济学的体系中，市场也可以是一种有助于交换和使资源分配成为可能的社会制度和社会安排。⑱到了波兰尼的眼中，市场更是绝非上述定义所能概括的，他认为市场嵌入社会之中，市场是一种"社会构件"，市场本身就是社会整体的一个部分，它和社会各因素一起共同形成物的流通与交换；而关系网络嵌入论的市场观，则认为市场是受政治、文化和人际关系网络影响的一个社会事实。

市场概念如此纷繁复杂，讨论市场如何形成，首先要明确的就是所讨论的市场是何种市场。在人类的知识体系中，从时间脉络上看，最早的市场概念，应该是部落先民的交易场所，这种交易场所遵循的规则，未必是绝对自愿的原则。但是，只要是物品的所有权的交换，称之为市场便不无道理。正如上文所指出，经济史的事实，早已证明市场交换并非纯属经济行为，它嵌入于社会之中，决定先民们的交换行为的，不仅可能是经济理性，更多的还是社会理性，是社会关系、社会责任、社会荣誉等因素在起作用。不过，遗憾的是，这种发生学意义上的市场形成，由于缺乏足够的资料，显然难以讨论⑤，即便是在市场研究已经蔚为可观的条件下，关于具体地点交易场所的形成过程，也未必有足够丰富的史料⑥。因此，本书并不打算也无法研究发生学意义上的市场形成。

在排除发生学意义上的市场之后，我们继续声明，本书也不对某一具体商品的销售对象和辐射范围意义上的市场有特别兴趣，毕竟讨论它，是市场营销学的责任与义务。同样的，由于经验事实或者说史料的局限，也由于众多大师有了诸多卓越的理论，本书也不准备研究资本主义国内市场的形成逻辑，在下文将要展开的故事里，我们要读到的都是清代中期的材料，在那个时间段里，中国的市场离资本主义国内市场尚有极其遥远的距离。我们要研究的，不可能是古典经济学和制度经济学意义上供求关系和价格机制如何引导市场形成的逻辑，显然，我们要研究的恰恰是它们的反面——市场形成的社会机制与逻辑。我们研究市场形成，讨论的是在发生学意义上的市场形成与资本主义统一市场的形成过程之间的中间环节，这是一种已经有市场交换基础，离资本主义统一市场又还有相当大距离的市场。在总体上，它已经超越莫斯所讨论的"礼物流动"的范畴㉕，却没有进入资本主义市场的体系。在波兰尼的体系里，这属于"再分配"经济形态中的市场。在《大转型：我们时代的政治与经济起源》一书中，他将中国传统时期的市场，列入"再分配"型经济体系，他说："互惠和再分配这两种经济行为的原则不仅适用于小的初民共同体，也适用于大的、富有的帝国。……'当少数家族的政治力量增长、僭主出现的时候，分配功能也就随之增长。首领接收农民的礼物，这种礼物现在已经变成了"税"，并在他的官员——特别是他贴身的宫廷官员——中进行分配。'

'这种发展涉及更为复杂的分配体系……所有的古式国家——古代中国，印加帝国（the Empire of Incas），印度诸王国，埃及，巴比伦——都利用一种金属货币来应对税收和薪俸问题……分配给官员、士兵和各个有闲阶级，也就是说，分配给人口中的非生产部分。在这种情况中，分配履行了一种极其重要的经济功能。'"[62]这种再分配体系，是人类经济史中的重要经济行为原则。"在古代巨大的再分配体系中，交易行为和地方市场都是常见的，但总是只具从属性的现象。"[63]波兰尼承认在这一体系和原则之下，作为交换活动的市场的存在。但在他看来，这并非他要讨论的自发调节的市场，也就是市场经济意义上的市场，或者说资本主义统一市场意义上的市场。而本书所要讨论的市场，无论是从市场演进的逻辑脉络，还是从中国历史的时间段来言，均属于波兰尼"再分配型"经济行为原则下的市场行为。但比较特别的是，清代的这一市场与波兰尼所论述的再分配型体系，显然存在诸多不同，它并非再分配一词可以概括，揭示这些不同，正是本书的目的之一。另一方面，波兰尼认为，无论是工业革命以来的英国国内资本主义统一市场，还是此前的"互惠""再分配"和"家计"型体系下的市场活动，均嵌入社会体系中，并且在工业革命以后仍无法脱嵌。但是波兰尼并没有细致地探讨市场嵌入社会的机制，因此，深入研究该嵌入机制，本身就是本书的题中应有之义。而更为重要的是，探讨该机制，分析的正是所谓市场的形成。

在市场得到界定后，何谓形成，便成为关键。那么，本书讨论从发生学意义上的市场到资本主义国内市场的形成过程这一链条中间的"再分配型"体系的市场，其形成所指为何呢？显然，在这一阶段，作为交易场所的市场以及作为销售对象和地域的市场均已存在，我们要讨论的市场形成，不是某一交易场所的产生，也不是某一货品成为商品的过程，而是市场在社会体系中成为市场的逻辑与机制。因此，本书所谓市场的形成，讨论的是传统中国"再分配型"体系下的市场在社会体系中成为市场的逻辑与机制，以及由此而发展出来的市场形成路径和路径依赖。

根据上文的讨论与总结，分析市场在社会体系中成为市场的逻辑与机制的最重要的取径，当然与经济学理性选择逻辑有所不同，我们不应该从古典经济学的价格机制出发，而应该从波兰尼的"嵌入"理论开始。但是，从"嵌入"理论如何开始我们的分析，仍然是一个问题，毕竟不能用嵌入二字空洞且模糊地概括市场在社会体系中成为市场的逻辑与机制，我们需要的，是从经验事实出发，以细致的逻辑关系来辨析市场如何"嵌入"社会，即在哪些地方嵌入、嵌入的方式如何、嵌入如何形成以及形成了何种市场逻辑，等等。在这方面，符平有过比较深入且成熟的思考。他指出，波兰尼提出了市场嵌入社会的理论，却并未给出嵌入的定义，在《大转型：我们时代的政治与经济起源》一书中，嵌入一词亦仅出现三次。但波兰尼始终相信人类经济嵌入并缠结于经济与非经济建制之中，政治、文化和意识形态构成了经济的基础。市场不是天生的，缺乏政治、文化等诸多社会因素的捭阖互动与历史性流变，任何形式的市场都不可能诞生。不过，真正使嵌入一词成为经济社会学的纲领性术语，产生深远而广泛影响的却是格兰诺维特。格兰诺维特细致地展示了人们的经济行动受到社会关系网络影响的经验事实与逻辑，显示即使在相同的经济和技术条件下，如果社会经济行为者的社会关系网络不同，其结果也会有显著的不一样。用工、定价、生产力和市场创新，都显示嵌入的社会关系网络和社会结构的作用。⑭继格兰诺维特重视市场与人际关系网络的密切关系之后，弗雷格斯坦和泽利泽尔进一步发展出市场的政治与文化嵌入理论，探讨了市场行动者如何与国家展开政治博弈，为市场创造产权、治理结构、交易规则等制度条件，促进国家建设的逻辑，并分析了市场行为如何创造性地嵌入当地文化，从而限定既定市场竞争如何展开的事实。⑥从此，市场嵌入社会的理论在人际关系网络、政治与文化领域均得以展开。⑥在他们已有研究技术和思想的基础上，符平提出了自己探讨"市场的社会逻辑"的路径。他认为，要研究市场嵌入社会，就必须采用波兰尼的社会构件嵌入论，将市场当作"社会构件"进行分析、定位，将具体而真实的市场作为研究起点，将市场行动者的算计行为置于社会结构和文化框架中加以解释，坚持社会学的结构分析，剖析使市场中的制度化交换得以实现的结构性因素，并对市场秩序形成和发生变迁的现象进行因果分析。为了达到这样的目标，他提出了要以政治—结构框架来研究市场的逻辑。这一框架认为，一是作为经济范畴的市场建设是国家建设的组成部分，市场的形成和发展经由国家以各种方式和途径建构、形塑，他称此为市场的"国家基石论"；二是市场行动者创造稳定市场环境的行动，以及形塑市场关系规则的过程，全部都是政治和权力的运作过程，他称此为"政治过程论"。在这一框架中，规范和影响经济的，在外部形态上表现为客观且真实的正式组织结构和制度，如科层制、政治体制、经济制度与经济政策、行业协会等都是市场所嵌入的社会的"显结构"，而经济生活中那些被行动者普遍认同和实践的，在外部形态上表现为主观而虚拟的要素，如经济惯例、习俗、理念、商业观、关系文化、未成文的行规等，则属于社会的"潜结构"。⑰符平认为，综合"显结构"和"潜结构"，注重国家基石和政治过程，这一政治—结构框架可以为解释市场的社会逻辑提供足够的力度。⑱

显然，符平希望超越社会学经验事实与经济学演绎逻辑之间的"堂吉诃德大战风车"之类的对话，而建构起政治－结构框架，值得注意的是，他通过惠镇石灰产业市场的经验事实，主要是 20 世纪 50 年代至 21 世纪，特别是 20 世纪末 21 世纪初的经验事实，揭示了当代中国市场的社会逻辑，是国家、地方政府以及社会的显结构和潜结构如何形塑市场的逻辑。在某种意义上，他已经结合波兰尼以及格兰诺维特等人的研究路向，讨论到了中国市场运行的社会逻辑的众多方面。但是，市场形成的问题，仍是一个需要讨论的课题，市场形成的路径何在，市场如何可以扩大到中国传统时期的事实上具有的规模等问题，显然有待深入讨论。而本书的企图，正是在前人研究的基础上，透过对政治、文化和结构的分析，探讨传统中国市场的形成路径，进而探讨由此而形成的路径依赖，即在经济学、历史学等各种理论流派的学术脉络之下，从波兰尼引而未发的思路出发，去研究市场嵌入社会的具体路径，探讨传统中国市场如何嵌入社会，如何通过嵌入产生市场形成的路径，并由此产生怎样的路径依赖，也就是要探讨传统中国市场对社会的嵌入，为中国的市场提供了一种怎样的形成与扩大的办法，这种办法又如何在中国文化体系里，成为后来市场形成与运作的一种基本模式。正是在这一意义上，本书试图对前人的研究有所超越。由此，我们既可以揭示中国传统市场形成的机制，又可以进一步理解中国传统市场的性质。出于此目的，我们选择了从清代私盐贸易经验事实出发的研究路径。

注　释

① ［英］亚当·斯密：《国富论》，唐日松等译，13 页，北京，华夏出版社，2005。

② 参见李伯重：《历史上的经济革命与经济史的研究方法》，载《中国社会科学》，2001(6)。

③ ［英］亚当·斯密：《国富论》，16 页。

④ ［英］亚当·斯密：《国富论》，16 页。

⑤ 《马克思恩格斯全集》第 48 卷，536 页，北京，人民出版社，1985。

⑥ 《马克思恩格斯全集》第 12 卷，749 页，北京，人民出版社，1962。

⑦ 《马克思格格斯全集》第 21 卷，188～189 页，北京，人民出版

社，1965。

⑧ 《马克思恩格斯全集》第23卷，106页，北京，人民出版社，1972。

⑨ 《马克思恩格斯全集》第49卷，309页，北京，人民出版社，1982。

⑩ 马克思在《资本论》中有一句经常为人所引用的关于市场形成的名言："由于社会分工，这些商品的市场日益扩大；生产劳动的分工，使它们各自的产品互相变成商品，互相成为等价物，使它们互相成为市场"（《马克思恩格斯全集》第25卷，718页，北京，人民出版社，1974）。这句话常常被认为是马克思对一般市场形成规律的总结。但实际上，马克思这段话是在讨论资本主义生产形态，特别是农业资本家和超额地租时提出来的，他所分析的市场，仍然是资本主义市场。

⑪ 《马克思恩格斯全集》第23卷，817页。

⑫ 《马克思恩格斯全集》第23卷，815~816页。

⑬ 参见王冰：《马克思的市场理论研究》，载《经济评论》，1995(6)。

⑭ 参见丁任重：《马克思的市场理论概述》，载《四川大学学报》，1993(2)。

⑮ 参见周白茹、李渌岩主编：《现代经济学教程》，127页，北京，气象出版社，1998。

⑯ 参见丁任重：《马克思的市场理论概述》，载《四川大学学报(哲学社会科学版)》，1993(2)。

⑰ 参见张芝联：《费尔南·布罗代尔的史学方法：中译本代序》，见[法]费尔南·布罗代尔：《15至18世纪的物质文明、经济和资本主义》第1卷，顾良、施康强译，9~10页，北京，生活·读书·新知三联书店，1992。亦可参见[法]费尔南·布罗代尔：《资本主义的动力》，杨起译，2~51页，北京，生活·读书·新知三联书店，1997。

⑱ 参见[法]费尔南·布罗代尔：《资本主义的动力》，12页。

⑲ 施坚雅关于中国农村的市场与社会结构的研究，实际上也以其经济人类学的研究视角，建构了一套关于传统中国市场形成的逻辑。他首先从克里斯塔勒的中心地学说出发，默认聚落村庄的分布呈完全均质状态，

而每个聚落中的家庭均有必不可缺的物品交换需要，在此基础上，他以平面几何学的逻辑，论证了作为中心地的市场与周边村庄聚落必然形成的六边形关系。在这一理论架构之下，他从中国成都平原等地的经验事实出发，分析了这些地区的村庄与市场中心点之间的平面分布关系，发现传统中国的农村市场分布，符合聚落与中心地之间的六边形结构。他进而以此为分析路径，探讨了这种作为六个村庄中心地的地方小市场之间，如何建构起中间市场、中心市场，直到城市市场、区域市场的市场层级体系，并揭示了作为中心地的市场同时也是民众信息沟通、社会生活、文化生活、信仰生活乃至政治生活的中心地的意义，并且同时揭示了在这些层面的中国社会的层级体系结构。在这个意义上，我们当然可以认为，施坚雅实际上建构了一套关于传统中国市场形成的逻辑理论。但是，第一，他这套理论的核心，是从经济人类学出发理解传统中国的以市场为纽带而形成的社会结构，进而解答"中国地域如此广大，为何不像欧洲一样分割成数十个国家"这一西方中国研究的经典问题，市场形成的逻辑，是其分析的逻辑起点而非其核心；第二，其传统中国农村市场形成的逻辑体系，并非由其发明，而是他借用地理学的中心地学说，分析中国的经验事实而建构的，从某种意义上说，这一体系，本质上是几何学体系。正因为如此，我们无法将其置于本书关于市场形成理论的逻辑脉络中展开讨论，但其关于传统中国市场体系的理论，对西方中国学研究以及国内学术界影响甚为深远，我们当然不能视而不见，故于此备一注，以供读者参考。详情参见[美]施坚雅：《中国农村的市场和社会结构》，史建云、徐秀丽译，北京，中国社会科学出版社，1998。

㉑　参见[法]费尔南·布罗代尔：《资本主义的动力》，21～22页。

㉑　[英]F. A. 哈耶克：《致命的自负——社会主义的谬误》，冯克利、胡晋华译，1页，北京，中国社会科学出版社，2000。

㉒　参见[英]F. A. 哈耶克：《致命的自负——社会主义的谬误》，39～50页。在这一章里，哈耶克事实上经常提到中世纪及其以前的贸易及贸易地点，但他并不认为这些贸易就是他要讨论的资本主义统一市场。

㉓　参见[美]道格拉斯·诺斯、[美]罗伯特·托马斯：《西方世界的兴起》，厉以平、蔡磊译，3页，北京，华夏出版社，2014。

㉔　[美]罗纳德·科斯：《企业的性质》，见[美]奥利佛·威廉姆森、[美]斯科特·马斯滕编：《交易成本经济学——经典名篇选读》，李自杰、蔡铭等译，8页，北京，人民出版社，2008。

㉕　[美]罗纳德·科斯：《企业的性质》，见[美]奥列佛·威廉姆森、[美]斯科特·马斯滕编：《交易成本经济学——经典名篇选读》，7页。

㉖　这一组织自身的形成，在古典经济学体系中，尤其是在讨论资本主义国内市场的思想家，如哈耶克看来，也是自发的。参见[英]F. A. 哈耶克：《致命的自负——社会主义的谬误》，42～48页。

㉗　彭凯翔：《从交易到市场——传统中国民间经济脉络试探》，"前言"，2页，杭州，浙江大学出版社，2015。

㉘　参见彭凯翔：《从交易到市场——传统中国民间经济脉络试探》，"前言"，3页。

㉙　希克斯则讨论了市场形成过程中，此类市场的产生机制及其逻辑，参见[英]约翰·希克斯：《经济史理论》，厉以平译，56～74页，北京，商务印书馆，1999。

㉚　[美]约翰·希克斯：《经济史理论》，9页。

㉛　何帆：《市场经济的起源——读希克斯的〈经济史理论〉》，见《出门散步的经济学》，41页，天津，天津人民出版社，2002。

㉜　[美]约翰·希克斯：《经济史理论》，23页。

㉝　何帆：《市场经济的起源——读希克斯的〈经济史理论〉》，见《出门散步的经济学》，41页。

㉞　何帆：《市场经济的起源——读希克斯的〈经济史理论〉》，见《出门散步的经济学》，42页。

㉟　[英]卡尔·波兰尼：《大转型：我们时代的政治与经济起源》，冯钢、刘阳译，"前言"，6页，杭州，浙江人民出版社，2007。

㊱　[英]卡尔·波兰尼：《大转型：我们时代的政治与经济起源》，3页。

㊲　［英］卡尔·波兰尼：《大转型：我们时代的政治与经济起源》，37页。

㊳　Santhi Hejeebu and Deirdre McCloskey，"The Reproving of Karl Polanyi,"*Critical Review*，1999，13(3-4)，转引自包刚升：《反思波兰尼〈大转型〉的九个命题》，载《浙江社会科学》，2014(6)。

㊴　［英］卡尔·波兰尼：《大转型：我们时代的政治与经济起源》，39页。

㊵　［英］卡尔·波兰尼：《大转型：我们时代的政治与经济起源》，37页。

㊶　［英］卡尔·波兰尼：《大转型：我们时代的政治与经济起源》，53页。

㊷　王绍光：《波兰尼〈大转型〉与中国的大转型》，23页，北京，生活·读书·新知三联书店，2012。

㊸　［英］卡尔·波兰尼：《大转型：我们时代的政治与经济起源》，47页。

㊹　［英］卡尔·波兰尼：《大转型：我们时代的政治与经济起源》，49页。

㊺　［英］卡尔·波兰尼：《大转型：我们时代的政治与经济起源》，51～52页。

㊻　［英］卡尔·波兰尼：《大转型：我们时代的政治与经济起源》，55页。

㊼　［英］卡尔·波兰尼：《大转型：我们时代的政治与经济起源》，55页。

㊽　［英］卡尔·波兰尼：《大转型：我们时代的政治与经济起源》，57页。

㊾　［英］卡尔·波兰尼：《大转型：我们时代的政治与经济起源》，55页。

(50) [英]卡尔·波兰尼:《大转型:我们时代的政治与经济起源》,57页。

(51) [英]卡尔·波兰尼:《大转型:我们时代的政治与经济起源》,62页。

(52) 参见[英]卡尔·波兰尼:《大转型:我们时代的政治与经济起源》,59~66页。

(53) [英]卡尔·波兰尼:《大转型:我们时代的政治与经济起源》,55页。

(54) 符平:《市场的社会逻辑》,36~37页,上海,上海三联书店,2013。

(55) 参见符平:《市场的社会逻辑》,27~30页。

(56) 关于关系网络嵌入论,或者称为形式嵌入论的相关讨论,参见符平的《市场的社会逻辑》,具体分析请参阅该书第27~44页。

(57) 参见[美]约翰·麦克米兰:《重新发现市场——一部市场的自然史》,余江译,7页,北京,中信出版社,2014。

(58) 参见符平:《市场的社会逻辑》,47页。

(59) 在发生学意义上讨论市场的形成,是一个很有挑战性的课题。在这方面,人类学家和民族学家做过不少工作,但他们总体上还是以"交易""交换"来探讨考察对象的物品交流,不一定直接使用"市场"的概念。因为市场在大多数经济学家的体系中,都是与资本主义联系在一起的体系。但是,前资本主义的交换是否也可以称为市场呢?事实上,正如上文所叙述到的那样,也有不少学者,如亚当·斯密、哈耶克、波兰尼等人,均在非资本主义市场的意义上,使用过"市场"的概念。因此,从发生学意义上讨论前资本主义市场的形成,同样是一个可以立论的方向,尤其在传统中国商业特别发达的背景下,视其交易为市场,在特定意义上,显然并无不妥。在这方面,国内学者中,彝族学者龙建民早在20世纪80年代就有过重要尝试,他从彝族的集会、"十二兽"纪日入手考察了发生学意义上的市场形成与发展历程。他指出,他要探究的"市场起源,主要探索和研究偶然的物物交换中一个买主和一个卖主两人的聚会交换如何发展为无数买主与卖主的共同聚会交换即集市——市场的初级形式，以及市场发展的初期状况"（龙著第10页），从这样的理路出发，他揭示了远古氏族男女外婚交往中的互赠礼物发展成氏族部落间以物易物的"访问式交换"，以及由此而反作用于氏族内部所形成的族内的"援助式交换""馈赠式交换"和"访问式交换"，随后在原始共同体解体后两人的"碰巧式交换"发展为无数买卖双方的共同聚会而形成的"集会集市"，最终形成集场的过程，从民族学、人类学的视角，探讨了市场形成的历程。参见龙建民：《市场起源论——从彝族集会到十二兽纪日集场考察市场的起源》，昆明，云南人民出版社，1988。

⑩ 在这方面，明清社会经济史研究领域，张应强、刘永华和叶锦花的研究值得关注。张应强研究清代贵州清水江流域，在朝廷追求特定木材的利益驱动之下，通过"当江""争江"等问题以及生苗、熟苗、汉人、地方官和朝廷的共同作用，市场制度和交易场所的形成过程，对清代全国各地已经有大量市场交换行为的背景下，西南地区的市场形成过程提出了相当深刻的理解，显示出历史人类学在经济人类学领域的重要价值，并有可能形成与经济学市场理论的对话。参见张应强：《木材之流动：清代清水江下游地区的市场、权力与社会》，50～103页，北京，生活·读书·新知三联书店，2006。刘永华揭示了明代到民国四保墟市的形成过程，反映了地方社团进行权力较量和角逐地域控制权的历史，说明了地方社团尤其是宗族组织在墟市形成中的作用。参见刘永华：《墟市、宗族与地方政治——以明代至民国时期闽西四保为中心》，载《中国社会科学》，2004(6)。叶锦花研究了明初到明中叶泉府对泉州府四个盐场灶户的管理体制从直接人身控制到以征收货币赋税为主的经济控制的转变，揭示了这一管理体制转变所带来的灶户沿着既有食盐贸易路线经商，并建构起将海外贸易与福建山区商业联结在一起的市场网络的过程，探讨了市场形成的制度路径。参见叶锦花：《亦商亦盗：灶户管理模式转变与明中期泉州沿海地方动乱》，载《学术研究》，2014(5)。

⑪ 参见[法]马塞尔·莫斯：《礼物——古式社会中交换的形式与理

由》，汲喆译，北京，商务印书馆，2016。

㉒　[英]卡尔·波兰尼：《大转型：我们时代的政治与经济起源》，233页。

㉓　[英]卡尔·波兰尼：《大转型：我们时代的政治与经济起源》，53页。

㉔　参见符平：《市场的社会逻辑》，18～30页。

㉕　参见符平：《市场的社会逻辑》，32～33页。

㉖　在社会学家布迪厄的体系中，人际关系网络的意义也可以用"社会资本"来表达。所谓社会资本，就是"某个个人或是群体，凭借拥有一个比较稳定、又在一定程度上制度化的相互交往、彼此熟识的关系网，从而积累起来的资源的总和"。参见[法]皮埃尔·布迪厄、[美]华康德：《实践与反思——反思社会学导引》，李猛、李康译，162页，北京，中央编译出版社，1998。

㉗　参见符平：《市场的社会逻辑》，53～70页。

㉘　李拂尘在吸收符平理论的基础上，提出市场形成研究的理论框架。他说，市场形成由两方面构成，一是市场秩序何以可能，一是市场秩序为何如此。为解决这两个问题，他认为市场由"制度—选择环"和"选择—市场形成环"两个环节构成。制度包括规则、规范和经济社会结构两方面，选择则包括市场主体的行为方式、政府主体的行为方式、社会主体的行为方式三种类型，三种类型的行为方式在具体制度的规范下而行动，形成了市场。他认为由此可以解决市场秩序何以可能和市场秩序为何如此两大问题。有兴趣的读者可参阅李拂尘的《制度、选择与市场形成：一个理念框架》（载《学术界》2015年第4期）。

食盐走私的市场
形成逻辑

一、私盐贸易的特殊性及其研究价值

私盐是一种非常特殊的商品，但从物理意义上看，它就是普通的食盐，氯化钠（NaCl）在其中的含量达99%[①]，其特殊之处在于，一种普通的食盐，为何不叫食盐而叫私盐？显然，有私必有与其对应的"公"。那么，与私盐对应的"公"盐是什么呢？为什么普通食盐会形成"公"与"私"两种概念呢？这是因为，传统中国的食盐贸易，常常在政府的垄断与控制之下。[②]政府掌握的"合法"贸易的食盐，称为官盐或公盐。逃避政府监管，偷税漏税或者以其他特殊形式而贸易的食盐，则与之对应，被官方称为私盐。③可见，私盐是特定历史条件下所产生的一种特殊商品。为了便于叙述，本书以私盐来称谓这一商品，这当然不代表作者赞同历代王朝的官方立场。

在历代王朝垄断贸易的前提下，食盐贸易被称为专卖。④一般认为，由于垄断专卖，食盐的贸易并非按照市场逻辑来展开，它是国家运用政治权力干预经济，实行有悖于市场机制的管理办法，反映了"国家政策与客观社会经济法则的背离"⑤的一种贸易体系。显然，这一判断建立在古典经济学的理性选择模型之上，认为经济运行独立于社会与政治的内在逻辑之外。对此，我们暂且不做分辨。但是，即便存在这一前提，近年来的研究也已经证明，清代官盐贸易虽然无法逃离专卖体系，但它的运作却显示官盐销售额的确定，与市场容量挂钩，存在明显的市场化导向。⑥而更为重要的是，在清代食盐专卖的最重要市场的一部分——湖广与江西，实行的是

"一体通销"而非狭义的"专商引岸"制度，在"一体通销"制度之下，官盐贸易的盐商之间，竞争仍然是不可避免的，这更体现了食盐贸易的市场化特点。⑦那么，何谓"一体通销"，何谓"专商引岸"呢？其实，它们都是清代食盐专卖制度里的术语。

清代食盐专卖制度纷繁复杂，但其最为核心、最具代表意义的是纲法。关于纲法，有一些基本概念必须先交代清楚，这些概念有：(1)盐引，即商人从官方取得的合法卖盐凭证；(2)盐区，即官方划定的某地所产食盐的销售地域，清代全国划为十一大区，分别是长芦、奉天、山东、两淮、浙江、福建、广东、四川、云南、河东和陕甘⑧；(3)引窝，又称引地、根窝，即清初实行纲法时，盐商支付财物获取的食盐销盐地，可继承，范围小则一县，大则数府州，盐商歇业，可签约转让；(4)引岸，即食盐销售地，盐区和引窝都可以被称为引岸；(5)商纲，即一群商人的松散团体，内设纲首（纲总、总商），负责管理本纲商人以及交纳本纲商人的盐课；(6)纲商，即被纳入商纲的盐商；(7)签商，即招徕商人为盐商，并做一定具结；(8)私盐，即没有盐引或者超越合法引岸销售的食盐。清代纲法的基本原则是，官府掌控盐引与引岸，签商认引，盐商组成商纲，专引岸之利，官府划界，各地所产食盐，皆划出较固定的销售地区为其引地，盐商运销食盐，按引征课。按规定，被签选且已认引的盐商只能在规定的盐场买盐，在规定的引地内销盐，一旦越界，即为私盐，属于违法，官府对此严加缉查。清王朝还设定了对官员的销引考成和盐课考成，按欠引和欠课分数给予相应处罚，在《吏部则例》中，清廷甚至规定地方官只要受过与盐政有关的纠劾或处罚，就不能获得升迁。盐政考成因而成为与盐务相关的官员们深切措意之大事。

在这一制度之下，若官方规定某一商人所贩运之食盐，只能到指定的引窝，即具体的州县销售，我们称之为"专商引岸"制。而如果官方仅规定某些盐场所产食盐，必须运到某一盐区（或者盐区下的某省）销售，但进入该盐区（或省份）后，并不再具体限定某商之盐只能在某引窝销售，而是允许各盐商在区内混一销售，则被我们称为"一体通销"。⑨清代，"一体通销"的制度，主要只在两淮盐区的湖广和江西地区存在。在其规范之下，汉口和南昌成为淮盐在湖广和江西的批发口岸。纲商将盐从扬州运至汉口和南昌，由水客即分销商批发运至湖广和江西的各府县，再批发给坐商和铺户，最终由坐商和铺户将盐发售给终端消费民众。纲法之下，由于专商引岸，将盐批发至汉口或南昌的盐商是固定的，又由于一体通销，水客将盐从汉口或南昌运至的具体府县，则并不严格固定。因此，从水客这一层面开始，清代湖广与江西的垄断专卖的食盐运销，在商人之间是存在竞争的。这说明，清代官盐贸易中，尤其是在本书主要故事将展开的地点——湖南南部的淮盐区，商业竞争在所难免。因此，将清代官盐贸易的经验事实，当作市场问题来处理，并非没有道理。虽然，由于食盐垄断专卖处理的主要是王朝国家的财政问题，官盐贸易在"市场"和"再分配"两种经济行为准则之间，更符合"再分配"型的特征，但由于其制度设计中的内在市场导向性以及运行中的实际市场竞争性，将其当作"再分配"型经济原则之下的市场嵌入问题加以讨论，反而更加接近经验与逻辑的事实。

那么，对于与政府垄断的官盐贸易相反的私盐，学术界又有怎样的分析呢？目前，既有研究对私盐问题形成了一些自然而然的判断，这些判断既有从历史文献中提取的结论，也有从批判传统政治立场出发而形成的观点。前者主要包括：第一，私盐是食盐专卖制度必然带来的"弊端"；第二，私盐泛滥是王朝专卖制度失败或者至少是不成功的表现；第三，私盐是王朝盐法常态之外的一种"变态"。而后者则主要包括：第一，政府垄断作为民生日用必需品的食盐，是一种不道德的逐利行为，因此，私盐贸易有其合理性；第二，官盐贸易是国家运用政治权力干预经济，有悖于市场机制的一种贸易体系，因此，私盐贸易有符合市场规律，突破封建垄断的意义，它甚至可以冲破政府的层层阻碍，形成强大的反政府力量，从经济和政治、军事等层面造成对旧制度的破坏，催生新经济、新制度的萌芽。当然，这些分析都触及了私盐的某些面相，有自身逻辑的合理性。但是，对私盐的这些理解，也还有不尽合理的地方。我们认为，私盐是一种与官盐共存共亡的特殊商品，因为朝廷官盐垄断贸易制度的强制性，它在与官盐贸易互动或博弈的过程中，附生出比官盐贸易更为清楚的市场化特征。因此，它可以被看作食盐贸易市场表达的一个重要指标。毕竟官盐贸易受到朝廷在引地分配、盐商准入、课入与批发价格等问题上的严密控制⑩，即使存在市场化倾向，也不能被完全看成是市场导向的经济行为。而私盐，尤其是其中脱离官府力量的那部分，在官盐价格的引导下，以吸引市场消费者眼光的、比官盐价格明显较低的价格与官盐展开竞争，表现出既受制于官盐价格又与官盐竞争的特征，并由此而获得自己的市场销量。其价格与销量，在一定意义上，似乎可以被当作食盐贸易的市场表达的指标来观察。而且，它的运作更加需要遵从市场导向原则。因此，虽然私盐贸易的机制不可能用古典经济学的自由市场来简单对待，但它仍然是食盐贸易中市场化表现最突出的一环，同时，也可以被看成是食盐官方垄断专卖制度的令人意外的组成部分。显然，食盐专卖强烈排斥私盐，但它又必然带来私盐，考察私盐，可以清晰地展现食盐专卖制度的运作情况和其市场化的程度。而更为重要的是，虽然作为贸易形态，私盐贸易存在一定的特殊性，但是，私盐又是与地方管理、商业经营、百姓日常生活息息相关的一种贸易常态，相对于其他商品的贸易，私盐贸易时时刻刻处于和官盐贸易的互动与博弈之中，更能揭示传统中国市场的形成与运作逻辑，深入考察官盐与私盐的博弈和互动，可以揭示私盐贸易体系中，私盐商如何组织，如何与官府、社群、民众发生联系，发生何种联系（如冲突或者合作等），有助于分析构成私盐贸易这一较之于官盐贸易更有市场化、日常化特征的贸易体系的内在逻辑，展现私盐贸易中市场嵌入社会的细节及其机制，归纳其路径形成的途径及其路径依赖的表现。在这一意义上，我们认为，由于传统中国市场受到国家的强烈干预，直接与政府操控的官盐贸易联系在一起的私盐贸易可以被看作探讨传统中国市场形成问题的最佳实验场。本书正是希望从私盐贸易的经验事实出发，探讨传统中国市场形成的逻辑。

二、私盐贸易的经济逻辑与悖论

归根结底，私盐是相对于官盐而产生的一个概念，其出现与运行，有一个无法回避的逻辑：官盐与私盐的市场价格差异，是私盐得以出现以及私盐市场得以形成的重要原因。在这个意义上，私盐贸易中必然存在理性经济选择逻辑，即以市场为导向的理性选择。在这方面，张小也的研究建构了完整的理论框架，值得重视。她认为，中国历代盐法过于僵化，盐产分配的固定化与实际生活中变动不羁的消费状况不相吻合，容易造成某些地区食盐供应不能满足需求的状况，不得不由私盐来填补市场空缺，而更为重要的是，官府对高额盐课的追求，导致官盐价格过于高昂，在食盐生产技术被普通盐工掌握并且人口流动频繁的背景下，私盐的生产与销售有利可图，私盐遂大量涌入市场并在官府的重重打压之下展开与官盐的竞争。⑪前一类私盐需求，可以看成是市场对私盐的绝对需求，而后一类则属于相对需求。她指出，官盐与私盐属于替代商品，它们为消费者提供的效用基本相同，其一价格上升，必然导致另一商品的销量增加。在私盐的相对需求和绝对需求都大量存在的情况下，私盐的供给群体众多，包括灶户、盐商、官员和兵弁、受雇参与盐斤运销的各类人员、盐枭，等等，私盐贸易相当盛行，成为清代食盐贸易中的重要现象。虽然清政府努力打击私盐，但它还是随着时间的推移而不断发展。⑫

张小也的研究揭示了私盐问题的经济逻辑。这一逻辑，得到了经验事实的广泛支持。在私盐贩运与销售的主体方面，官员、商人、灶户、普通百姓、私枭走私的记载均大量存在。仅就清代广东而论，材料已经数不胜数。这里略述数例如下：

乾隆年间，陈宏谋在任两广总督时曾对官员和盐商走私深有感触，说："人第知私枭之贩私，而不知官船之带私更甚更多"，"来往上下之官员差船……多带私盐。既有旗号灯笼坐挂，塘汛不问，关口不查，此等之船，久为藏私之窟"，而"不肖商人亦复藉官行私，隐射图利。日日求官缉私，其实日日自己带私，沿途售卖"。⑬盐商为了贩卖私盐，还"暗结枭徒，勾通兴贩"⑭。有些盐商甚至公然"不遵盐法定例，竟不纳课领单领旗，或勾通士宄，或串同营兵，专一装运散盐，沿途贩私，公行无忌"⑮。

灶户私贩食盐，也是让政府头疼的事情。因此，清盐法严禁灶户私煎私卖食盐，道光皇帝甚至为此专门发布上谕，称："欲使盐无私贩之人，必使地无售租之盐，而后弊端可绝，醝务肃清。该州县及各场大使果能留心查察，则私煎私晒之弊不难一望而知，立即拿获到案，严行惩办。"⑯但"粤东沿海一带"仍"有煎晒私盐处所，出没贩运"。⑰甚至巡丁场官视盐场为利薮之地，"作弊即偿"，"与灶晒各丁讲定规例，或按月或按叽将盐不归仓，藏匿别售，或名卖埕，或名卖堆，听凭外售，公行无忌"⑱，灶丁灶户"通同场官及督收之家人栅长"⑲，偷盐私卖。

清政府为了顾及"贫穷孤独"者的生活，一直有允许贫民挑贩一定量的食盐"易米度日"的规定。康熙年间已有"十斤以下不为私盐，毋许巡役借端滋扰"的规定⑳，雍正年间则放宽到民间"肩挑背负四十斤以下者，准其易米度日，不得借端查究滋事有扰穷民"㉑。这些规定遂成为贫民贩私的借口。乾隆元年(1736)正月重申这一规定后，当年五月广东"强壮奸徒"就"无不藉口贫民，公然贩私，成群结党，目无法纪"。㉒潮州近场地区"地面多系妇女挑负，一往盘诘，则指为收买零盐"㉓。此类事件遂"习以为常"。此外，沿海遍地产盐，产盐区港汊纵横，船户渔民走私食盐规模更盛。他们在"海上连樯捆载，通洋贩私"㉔，在内河则以盐船等夹带私盐，以致

"盐船经出之商埠，皆为私盐冲赚，官引难销"之地，对此，陈宏谋曾深有感触地说："引盐不行，皆由私盐冲赚其间，枭贩横行于水路地方者固多，而官商盐船船户水手……夹带累千百斤'沿途售卖'更为弊薮。"㉕

甚至还有盐枭公然组织起来，武装贩运私盐。粤东"滨海私枭竟有土豪发给资本，纠合游民各处贩私，数至数十包及百十包之多"㉖。陈铨衡也在其《缉私论》一文中谈及此类现象，说道："拥厚资者亦招雇奸人贩运，而坐地分肥。"㉗这些私枭组织严密，"陆路有寄顿之窝家，水路有接运之小艇"㉘。转运途中，秩序井然，并且押有武装与官府缉私队伍对抗。例如，"南海县地方有枭棍数十余人，各带大船，携带器械，满载私盐，往来兴贩"㉙。

这些私盐贩运行为主体类型各异，但文献中时时提醒我们，他们或"隐射图利"，或"作弊即偿"，或"坐地分肥"，充分说明了私盐贸易中的理性经济选择。在这一层面上，我们可以认为市场形成的古典经济学理论相当能够说明问题。实际上，这类分析在清代文献中俯拾皆是。两广总督鄂弥达认为，灶户乐于"私卖"的原因是"偷盐私卖，每斤可多得（银）一厘三四毫"[30]。嘉庆二十二年（1817），乐昌县民龚长头黄等因私盐"每斤仅需价值铜钱十四文。……价值较贱，起意纠伙贩卖图利"[31]。同年，香山县船户陈念均亦因见私盐"每盐一百斤价银八分"，"贪图价贱"，而起意"贩卖获利"。[32]嘉庆二十四年（1819），合浦县民陈亚大等也是因为食盐"每斤仅须铜钱五文，价值较贱，各起意贩卖图利"[33]。消费者愿意买食私盐，也是出于经济上的考虑，私盐无课征浮费而价贱，官盐相反而价贵，即所谓"官盐成本十倍于私盐"，所以，即使"私贩增其价以出卖，粤民尤贪贱而食私"。[34]总之，灶丁、灶户"偷盐私卖"，盐商、盐贩"干禁行私"，消费者"犯法食私"，他们追求的都是经济目的。对此，时人陈铨衡曾深刻议论道："私兴于嗜利之心，私戢于赏罚之信，可两言而决也。惟私贩畏法之念不胜其嗜利之心，故敢干厉禁而不惧。昔之私贩皆游手莠民耳，今则拥厚资者亦招雇奸人贩运而坐地分肥，甚而各乡铺户妇孺尽行凑集资本贩运，甚而埠商亦有不配官引而行私盐者，皆嗜利之心为之也。"[35] 概而言之，陈铨衡无非是说，私盐之产生与私盐市场之形成，均因为行为主体的趋利之心，其所见可谓入木三分。这说明，虽然波兰尼将传统中国归入再分配经济体系，但其间实际经济、行政事务的管理者，知识阶层，均在相当程度上意识到理性经济选择对于商品流通的重要性及其价值，这似乎也提示我们，传统中国的再分配体系，与波兰尼约而论之的部落时代以及巴比伦、印度等地的再分配体系，可能存在着巨大的分野。也许，找出这个分野，揭示传统中国的经济运行逻辑，是我们应该有的志向，也是我们应该努力的方向。

但是，私盐贸易毕竟是与官盐贸易相生相伴的行为，即使我们对市场形成理论的学术史完全不了解，将其视为纯粹的理性经济行为，也难以说服自己。前辈时贤在过往研究中，对私盐贸易中的诸多行政局限表达了充分关注，并注意到了其中的非理性经济因素。这里非理性经济因素的第一个重要表现是，私盐贩卖过程中食盐的盐价并非完全由其效用和市场供求状况所决定，而是受制于官盐价格。正如上文所指出，灶丁灶户"偷盐私卖"不过是出于生计的考虑，其目的是每斤多卖一厘三四毫。这个多卖而得的一厘三四毫来自何方？显然是"私卖"较官盐价格高了一厘三四毫的缘故。由此可见，灶丁灶户"私卖"食盐的价格无非是在官方收盐价㊱的基础上上浮一定量，这一价格很难说就是食盐的效用及市场供求状况的反映。前述乐昌、香山、合浦等地的私盐贩运案例中，私盐贩运者贩运私盐皆因见食盐"价值较贱""甚贱"而"起意贩卖图利"。这些盐贩所见食盐都是"价值较贱"，贱于何方？显然是贱于官价。何以能贱？

是因为私盐逃避了一切课征浮费。由此看来，私盐贩运者们转贩食盐的价格只需较贱于官盐价格就可以使其食盐顺利销出。可见，它其实是受制于官盐价格。对上述几个私盐案例中官盐私盐的价格做一相关分析，也能得出同样的结论。

乾嘉年间广东地区官盐与私盐价格水平表

私盐销售地区	当地官盐价（文/斤）㊲	私盐价（文/斤）
合浦	14.8265333	5㊳
乐昌	29.9251333	14㊴
乳源	28.9276	10㊵
东莞	23.925667	5.46㊶
东莞	23.925667	4.485㊷

显然，观察此表，一目了然，私盐价格与官盐价格之间存在密切关系。虽然表格中样本数不足，但我们如果仍然试做计算，也可以得出官私盐价格相关系数为0.8103的结论，二者为显著相关关系，即私盐价格与官盐价格显著相关。私盐价格受制于官盐价格而不是完全

由食盐的效用及其供求关系所决定。这说明，私盐与官盐互为表里，由政府以获取财政收入为主要目标所制定的官盐价格，必然超出理论上的食盐市场价格，为私盐流通留下了空间，但私盐流通的基础，正是官盐在市场上的价格和质量，所以私盐流通中的价格，并不可能是自由市场体系下的食盐流通价格，私盐的流通，也不可能是完全市场化的行为。将私盐理解为市场化的行为，亦有失偏颇。但是，它又是王朝食盐专卖体系下，最具有市场化可能的组成部分，因此，我们说，私盐是政府专卖制度下具有商品性质的食盐的市场表达。当然，需要说明的是，正如上文所说，清代官盐专卖在食盐销售额分配等问题上，具有较为明显的市场导向性，面且清代官盐价格的形成机制，"都是由市场和行政共同调节的机制。只不过，在不同的盐价制度方式中，市场和行政分别发挥作用的方式有所不同，在价由商定时，市场的力量往往体现得较为直接，而在官定盐价时，市场往往间接发挥作用"⑬。从这一角度出发，显然，清代私盐价格受官盐价格影响颇大的问题，可以理解为私盐贸易受制于官盐价格，说明其运行过程并非完全由理性选择所主导，但官盐价格本身有市场因素的参与，私盐贸易又可视为食盐贸易中最具市场化的表征，那么，私盐价格虽然受官盐价格影响，亦不能因此而将结论推向完全非市场化的极端程度。正因为如此，我们可以确认，正是有了食盐垄断专卖制度，食盐与市场的关系才变得异常复杂。无论是官盐，还是私盐，均非完全的自由市场体系所能容纳，却又不能完全脱离市场体系。

私盐贸易的非理性经济因素的第二个表现是，作为市场表达的私盐，其流通并非可以像市场上其他商品的流通一样自由而公开，这直接导致成功贩运私盐，需要私盐贸易行为主体的诸多与自由流通市场不一样的努力。清政府为了加强对社会的控制，也为了疏通官盐、保证盐课收入，一直对私盐严行巡缉和惩处。通过烦琐的条例和遍及全国的体系完备的盐务官吏以及巡盐兵丁、塘汛营兵等，清政府在全国各地建立起巡缉私盐的严密网络。从事私盐转运贩卖即清政府指称的"贩私"，其实是一件铤而走险的事情。这样一来，追求经济利益的"趋利贩私"的经济行为便处处被清政府的政治权威所束缚。更为重要的是，私盐贩运和买卖虽遭政府严禁却能持续进行，其最关键的原因不仅是小商小贩与政府对抗，公然走私，还有盐务及地方官吏受贿放纵或经营私盐，就连清代的许多皇帝对此类事件也有所觉察。雍正帝曾说："湖广之川私、粤私为害更甚……文武官弁不肯实力奉行，一任兵役人等避难趋易罔利营私，如商船夹带，原应秉公盘查而往往视为利数，多方需索，恣意搜求以塞巡查之责，转为平民之扰累。至于大伙枭贩，则虑其拒捕，或畏难放纵，或受贿得钱。其拿获到案者，地方官弁又非视非专责，以重作轻，以多报少，蒙混草率，不能据实审结。"㊹乾隆帝指出："地方官办理私盐案件，凡遇奸商夹带，大伙私枭，公然受贿放纵。"⑤嘉庆帝也说："地方文武员弁或受其贿赂，公然包庇卖放，或畏其党羽众多，强行拒捕，不认真缉拿，以致私盐充斥，肆无忌惮……此等恶习相沿已非一日。"⑥可见，私盐贩运和买卖能够遭严禁而持续进行，在很大程度上还取决于清政府吏治的情况，这也是私盐流通过程明显非市场化运作的典型表现。这种情况，说明私盐贸易的行为主体所付出的努力，与一般正常贸易商品需要的努力不一致。当然，如果将其抽象到深层次，在传统中国，二者只有程度差别而无本质差别。这将是本书下文将要表达的重要观点。

而与第二个表现紧密相关的，私盐贸易的非理性经济因素的第三个表现——交易成本制约了私盐的自由市场化则更为重要。众所周知，商人进行长距离商品运输时，大规模的批发，如采取船运而且在各埠头集散，比小规模的批发如肩挑背负，更加节省成本，因而获利更丰厚。所以，能真正推动私盐大规模流通的，是具有规模效应的船运批发。但政府对此戒备森严，相应地采取了严厉的手段来对付船运食盐的大私盐贩，而对肩挑背负，翻山越岭的挑盐人群的监管则相对较为松懈，有时候即使制裁这些小贩，主要也是为了维护地方社会的稳定。在这样的情景下，长距离船运私盐贸易的交易成本直接大幅提高。这是因为：首先，船运目标单一且较大，不易躲避政府或者官商的缉私力量；其次，为了运输顺利，私盐商需要应对沿途码头差役的明目张胆的勒索；最后，到埠地后，私盐商同样还要应对埠头的牙行、当地差役、无赖等的勒索。面对这些问题，盐商的应对方式主要有以下三种。第一，自己组织武装护航。但这必然会被官府斥为"盐枭"而严行缉拿，因此，"盐枭"只有两条出路：一是组织强大的力量，让一般巡缉力量不敢抓捕；二是向官兵行贿，即文献所称"至于大伙枭贩，则虑其拒捕，或畏难放纵，或受贿得钱"之情形。第二，与地方势力合作。所谓"陆路有寄顿之窝家，水路有接运之小艇"，即此之谓。第三，最为稳妥的或者说最完美的办法是和官方合作，或者由官方的人亲自来做生意。陈宏谋说"不知官船之带私更甚更多"所指正是此类事件。此外，私盐商之间同样存在竞争，他们也希望建立新一层的垄断，来击败对手。而建立此垄断最好的方式仍是与官府合作，"藉官行私，隐射图利"。综上所述，考虑交易成本之后，我们就再不能用简单的价格差导致贸易发生这样的逻辑去思考市场形成的问题。从这一点出发，我们发现，私盐确实反映了自由市场机制带来的动力，但它却并非完全以自由市场的形式展开贸易；而更重要的是，私盐贸易要取得成功，大规模的船运贸易才是成本最低的方式。但船运贸易面对诸多交易成本，最有效的降低交易成本的方式，就是寻求与官方的合作。而从事大规模船运私盐贸易的私盐商，必然希望击败对手实现垄断，实现垄断的最佳方式，仍然是与官方合作。因此，成规模的私盐贸易过程，必然就是一个不断进行着的、循环地诉求于官方的进程。下文将论述，这样的逻辑，其实也适合传统中国一般商品的贸易历史。

总之，从私盐的来源和食盐流通过程来看，私盐的贩运和买卖，由食盐这一商品的特殊性质所决定，非常典型地受到王朝食盐专卖制度的影响，既表现出市场对专卖制度的挑战，体现市场自身的力量，又不能完全成为自由流通的市场商品。私盐流通，是市场与政府之间关系的生动表现，寻求与官方的合作，是私盐商最为典型且有效的行为方式，这反映了政府干预下市场的特定形态。在我们的研究路径上，它是在已经存在市场贸易的基础上展开的市场交换。其贸易，既体现了理性经济选择的逻辑，更表现出非理性选择的特征。因此，我们再次确认，私盐贸易是探讨传统中国市场形成逻辑的最佳实验场。

三、我们的田野点

在深入讨论私盐贸易的性质之后，我们必须回到本书的主题：从清代私盐贸易的经验事实出发，探讨市场形成的逻辑。在这方面，历史人类学的田野调查，为我们提供了重要资料，也给了我们重要启发。因此，有必要介绍一下我们的田野点。

我们的第一个田野点在广东省佛山市南海区西樵镇百西乡村头村。村头村，现为潘氏单姓村，因潘氏在历史上产生过数位历史名人，留下了一批历史文献以及潘氏大宗祠等历史建筑，该村已被列入广东历史文化名村。据称，村头村在清代鼎盛时，村内有30多条纵横交错的街道，130多间镬耳屋分列花岗岩巷道两旁，近30多间祠、庙、厅堂分布于村中各处，商铺林立。[47]这些建筑，均为潘家所有。潘氏有《世德堂潘氏族谱》，记载了其家族的发展历史。^㊽据该族谱以及潘氏族人的考证，其家族在清中叶以后有重要发展。据称，潘氏于宋代迁居广东。明洪武年间，潘氏其中一支迁居南海县黎村乡，即今西樵镇村头村所在之地。乾隆年间，潘氏家族产生了一位对家族兴衰有重要影响的人物——潘健行。潘氏后人潘文生考证称："从思园公（即潘健行）有关信件及'履道堂家规'可以看出，思园公回粤后约三十年间有从事了一些商业活动，主要涉及房铺、珠宝、盐业、经营银号'丽珍号'，投资办硝矿，在珠江口打桩填石围沙造田、从小沙丘开始开发出番禺的横沥镇等。……思园公晚年为建祠祀祖、充实太公尝产及全村其他公共开支共捐出自己超过一半的财产，共24000两银子，另用剩余23500两银子购买了珠江口上的一些沙田及其开发权，为其子孙长远发展打下基础……后来，由于沙田围垦面积的不断扩大，村头村这个贫瘠小村从清末至日军侵华前的一百多年间都是南海县最富庶的乡村之一，潘履道堂思园公的子孙大都受到良好的教育，不少人也成为社会的有用之才，其中所谓比较出名的有清代广东巡抚、奉天府丞兼学政潘斯濂，为民请命追修桑园围大堤的举人员外郎潘斯湖、举人户部郎中潘誉征，前民国政府中央社的社长潘志青，原名潘伯琰，北京大学教授潘伯镛，中山大学，即原岭南大学的教授潘保荫、潘保苻。"⑭

潘氏大宗祠

可见，清代嘉庆、道光年间，在潘健行努力经商和围垦沙田之后，潘氏家族奠定了雄厚的经济基础。正是有了这样的经济基础，潘健行的孙子潘斯濂，依靠家族的力量，一步步地考中进士，在朝廷及山东、奉天、顺天等地为官，并形成了潘氏家族在当地的政治与经济地位。潘斯濂曾请其同僚——兵部尚书、闽浙总督兼署福州将军、香山县小榄人何璟给潘健行作了墓志铭。潘斯濂还可以直接致书著名淮军将领、时任两广总督的张树声讨论桑园围水灾问题。在这样的家族经济与政治背景下，其家人在家乡有举足轻重的影响。所以其子潘誉征虽然只是一介举人，也可以直接致书两广总督张之洞，并被委以组织团练、组建沙田联防局之重任；南海县编修地方志，也请潘誉征来担任主纂，潘氏从而掌控了地方文化与地方历史的书写权力。潘氏几代精英书写的文献，成为本书讨论市场形成的重要材料，尤其是其中的《潘氏家乘》，内容十分精彩，留待下文介绍。

我们的第二个田野点，是位于湖南与广东交界地区的广东省连州市星子镇。当然，准确地说，它应该包括

今日村头村

星子镇以及周围运盐道路上的一批小镇，主要有连州的星子、乐昌的坪石，湖南临武的汾市（牛头汾）等，在某种意义上，它们构成了清代行政交界地区的一个区域，一个广东食盐销往湖南的运输中转地。2001年冬，我曾经在这里转悠了一些时间。可惜，当时拍下来的照片，因为硬盘数据损毁而抢救后，只剩下图标大小的图片，效果大打折扣了，而且更糟糕的是，现在重回当地，已拍不到十六年前的景观了。

连州星子地处连州通往湖南桂阳的交通要道上，是清代湖南南部桂阳、临武、蓝山、嘉禾四州县官盐之集散地，汉唐以前，这里几乎是岭南通往中原的必经之地，明清时期，随着大庾岭路的兴起和灵渠通道地位的上升，星子的交通地位开始下降，但仍是广东通往湖南的重要通道之一。明清在此驻有巡检，乾隆二十六年（1761）后，连州州判改驻此地，余保纯在嘉庆年间就任连州知州，裁星子巡检司，但连州州判仍驻星子。三条溪流由北流来，在星子汇合形成星江，向南注入北江支流湟水。三江汇合处原有许多码头，2001年我去调查时，仍隐约可见其遗迹。由湟水北行，至此船靠码头，货物改由陆行。据光绪《连州志》记载，星子的主要货物，是自广州而来的食盐，清末这里仍有盐铺二十多间，据星子当地人介绍，民国时期，星江岸边有四大盐亭。当时，星子主要有一条南北向的直街，另有东、西两条平行的小街。街上的商业分布具有明显的地域特征，湖南人、广府人、江西人分别在街道的不同地段经营。由南边靠河的盐亭处往北，也就是星子街的南段，是广府人做生意的地方，盐是他们经营的大宗商品。在2001年还存在的供销社一带，原来有他们的八邑会馆（广府八邑），再往北，便是江西人经营的中街。北街是湖南街，街上有整修一新的楚南会馆。墙上的会馆碑记为咸丰年间所立，它告诉我们，楚南会馆始建于咸丰年间。当地朋友认为，其建立与太平军阻断长江，湖南湖北大量借运邻近盐区食盐，大批粤盐由此运抵湖南，引起当地大规模的食盐贸易有关。由湖南街往北经过约一里⑩地的四方村，是晚清和民国的新铺，称新街。新街也是湖南人做生意的地方。清末民初，湖南人在这里从事食盐贸易，从广府人的盐亭运盐至盐铺，然后批发给湖南来的挑夫。四方村旁为彭村，村里彭姓人告诉我，他们是清代从三十里外的湖南临武崎石村迁来的，此信息似乎隐含着一些近距离的乡民迁移习惯。在星子上岸的船货，如食盐等，经挑夫往北经湖南临武县的土桥转运临武城关，然后转运桂阳州四属。土桥，介于广东连州山塘与临武南强、城关之间。今存古道，即星子入楚的南天门古道。土桥并非商埠，从星子到土桥有二十多华里⑤，从土桥到城关亦只有二十来华里，脚力一天可达。据笔者2001年11月的田野调查，当地人称晚清至民国年间，土桥有两广墟，所谓两广，系是墟由土桥的大广与小广二村出钱修建而得名。土桥出生的临武城关完小退休教师陈礼恒告诉我，土桥人甚至临武城关人都会讲广东白话，而且一般比普通话讲得好，连州山塘人则会临武土话，互相沟通没有问题，至少民国以来就已如此，中华人民共和国建立之初，他自己曾在山塘与星子受到对方以临武土话接待。他说，清末民初以来，土桥人常与广东联姻，故与广东关系融洽，大家很少有矛盾，万一有矛盾时，常由乡村年长的有权威的老人出面解决，包括涉及与广东人的纠纷也一样，据说一般处理得很公平。本书的故事与逻辑，主要就在这些地区展开。

四、私盐市场的形成：潘进与彭应燕的故事

关于私盐市场的形成，上文已分析了其间的经济理性逻辑，即在盐区边界地区两个盐区之间某区食盐的比较优势，以及官盐不能完全满足市场需求等原因，造成了私盐市场，这就是私盐市场形成的"市场需求"论。我们已经证明了这一论断的正确性。私盐的形成，必然需要以市场需求为基础，但基于市场需要而形成的私盐市场，是否由一个无须深究的"看不到的手"调节的自发过程而形成呢？其中是否有值得深入研究的成分？私盐市场是否可以培养，是否可以人为拓展呢？正如上文所指出，私盐贩运的行为主体需要付出比一般商品贸易更多

的努力，其努力成功与否，与政府吏治有关。但是，这一努力是否仅仅与吏治有关？是否还与更宏大的社会政治、经济、文化结构存在关联？它的长盛不衰是否存在着某种特殊的制度性的路径依赖？这些问题，是既有研究未能充分关注的问题。而这些问题，正是揭示传统中国市场形成逻辑的绝佳材料。因此，我们必须对此展开深入研究。

另一方面，正如张小也所指出，因为私盐问题的重要性，清代各级各类官员对私盐关注颇多，留下了相当丰富的史料，其中道光年间著名幕僚包世臣关于私盐分类的说法——将私盐分为商私、官私、兵私、弁私、船私、场私等十一种，启发了学术界关于清代私盐问题的研究，一直为学界所引用。[52]包世臣指出，"商私"是商人在合法正盐之外夹带私盐，或将商引重复使用而行私，"官私"是官员旅行途中在运输工具中暗中携带数量较大的食盐而走私。[53]学术界已举出诸多史料，证明了包世臣此论的正确性。但是，商私、官私是否仅仅为商人与官员自身"挺身而出"，贩卖私盐？官私与商私之间是否存在关联？如果有，是怎样的关联？商人贩卖私盐过程中，与官员是否有联系？官员在盐商贩卖私盐时，起到了怎样的作用？这些问题，至今未引起足够重视。本书接下来以一些新发现的史料为基础，以清中叶湖南南部地区的私盐流通为例，讨论官员与盐商在私盐流通中的关系及各自作用，以及某些行为主体如何培育私盐市场等问题，以期在私盐问题中的"市场需求论"和官商"挺身而出论"的基础上，探讨波兰尼语焉不详的"市场嵌入社会"的具体策略与路径。

正如上文所指出，食盐对于王朝版图之内的绝大部分普通百姓来说，并非可以自产自销。控制食盐的产与销，可以获得大量财政收入。事实上，盐税收入也经常居于清廷财政收入的第二位。㉞更重要的是，从食盐运销中获取财政收入，相对于田赋来说，应急性与可操作性更强，在特定情境特别是战争环境下，食盐贸易常可以给朝廷带来丰厚的收入。另一方面，控制食盐的流通，在战争或与对方对立的环境下，所谓"无盐则肿"，还是非常有效的控制敌方的技术策略。[55]因此，清王朝沿袭唐中叶以来的分区行盐制度，不同产地所产食盐，被指定到特定地区销售。按清朝盐政规定，两淮盐行销今江苏、安徽、江西、湖北、湖南、河南等省的大部分地区，为全国最大盐销区。广东盐则行销广东、广西两省全境以及湖南、江西、贵州、福建四省部分府州。自康熙初年开始，湖南衡州府从两广盐区划归两淮盐区，行销淮南盐场所产食盐。其南部与之接壤的湖南郴州、桂阳州等地则行销广东盐场所产食盐。

不过，湖南衡州府地处两个食盐销售区的边界地区，经常因为盐区归属而发生纷争，甚至成为两淮盐区和两广盐区的争夺对象。明代已有多次纷争[56]，进入清初，"本朝开辟以来，因罹兵燹，路梗商稀，暂食淮盐者十有余年"⑤，湖南南部三府，即衡州、永州、宝庆非制度性地暂时从粤盐区改为行销淮盐。直到顺治十五年（1658），清廷才要求当地重新销售粤盐。但当地官员与商人却不希望回归粤盐区，"顺治十八年，御史胡文学称衡、永、宝三府民苦粤西盐贵多砂，又隔山岭，为害无穷，不若仍食淮盐。……寻因广西巡抚屈尽美以粤税有亏，请罢改食之令"⑤，继续行销粤盐。到康熙四年（1665），衡山县儒学生员吴开运等上题为"为粤盐不改，官民两病，吁宪遵谕特题以广皇仁、以回天意"之长篇呈文，"痛陈"衡州府行销粤盐之苦。其基本逻辑是，当时广东盐产减少，粤盐难于运抵衡州府，淮盐盐价只是粤盐的七八分之一，政府招徕商人运销粤盐，竟无人愿承，地方官迫于考成压力，只好将责任派之乡村居民，引起诸如"逃亡""自杀"等严重的社会问题。⑤当时，清廷正努力恢复食盐运销秩序，一方面招徕盐商，一方面考核官员。吴开运所呈，反映的正是这一过程中衡州府之

"痛"。因此，他建议衡州府"仍食淮盐"。不过，尽管其呈文得到了各级地方官的一致支持⑥，但最终结果还是与顺治十八年（1661）的情况一样，朝廷并未改划衡州府的盐区归属。

吴开运呈请失败，"衡、永、宝三府民周学思、吴圣旭"等人遂于康熙六年（1667）正月，"五千里匍匐往返"，动身进京，亲赴户部"具呈"。被驳回后，周学思等人"具本通政司"，亦被通政司封驳，"不准封进"。⑥周学思于是"具状鼓厅"，击鼓叩阍。康熙六年（1667）四月二十四日得旨，旨云："衡州、永州、宝庆三府民周学思、吴圣旭等状内既称食粤盐路远，有盘滩过岭之苦，请改食淮盐，两粤课饷并粤西杂税令三府照额认纳，着改食淮盐。"⑥从此，有清一代，衡州府改属两淮盐区。

然而，非常吊诡的是，衡州府士商乃至湖南地方大员努力争取到衡州府归属淮盐区后，在清代相当长的时间里，衡州府市场上实际流通的食盐却多为粤盐。同治

《衡阳县志》的作者曾深刻地揭示了这一现象，他说："以余所闻见，自道光以来，粤盐通行，虽官有淮引，典之通判，特以名而已，城乡数十万口，何莫非粤之所食，淮课不登又亦久矣。"[63]可见，根据同治地方志作者的亲自"闻见"，粤盐已完全占领了衡州市场，淮盐在衡阳仅剩名分而已，按清王朝制度规定，这些粤盐其实就是私盐，也就是说，衡州府划归两淮盐区后，市场上流通的食盐，主要是私盐。而且，实际上这种情况远在嘉庆朝及其以前即已出现。[64]那么，为什么湖南官、商努力争取衡州府划归两淮盐区，结果却是这样呢？从市场导向的角度出发，一般文献的解释是，衡州府境内淮盐价格比相邻的郴州所行销的粤盐价格高。

另一方面，与衡州府盐课"不登亦久"状况截然相反的是，清嘉庆年间，据两广总督阮元说，湖南南部的郴州与桂阳州等地，食盐销售"历届奏销，年清年款"[65]，从不拖欠盐课，而且成为清中叶以后两广盐区食盐销售总体不畅旺的情形之下，唯一畅销且可融销别柜悬引的地区⑥。因而，这些地区的食盐销售深得广东方面重视，广东官、商努力维持并寻求不断扩大其销量的途径。⑥为何当时广东食盐在湖南南部得以畅销？一般文献认为，广东盐进入湖南南部，相对于淮南盐从江苏运入毗邻的湖南衡州府，路程比较近，且广东盐盐价较低。因此，广东盐在这里具有与两淮盐的比较优势，不会受到两淮盐的挤压。

可见，从淮、粤双方文献来看，衡州府名归淮区实销粤盐，都是市场调节的结果。这再次证实了理性经济选择是私盐市场形成逻辑的一个重要环节。但是，古典经济学的理性经济逻辑，将市场现象直接归因于"市场调节"的逻辑机制，并不再深究市场调节过程中具体的人和事，从而掩盖了市场形成的社会机制。在本书的议题上，需要进一步讨论的是，衡州府的这一现象是否完全由市场自发调节而决定呢？在自发的市场调节背后，是否掩盖了某些市场化结构之下社会的具体作用，掩盖了某些非市场化的因素呢？或者换个思维角度，回到"市场嵌入社会"理论，那么，私盐市场是否嵌入了社会呢？如果嵌入了，它是如何嵌入的，采用了何种路径？这其中是否还与更宏大的社会政治、经济、文化结构存在关联？是否形成并存在着某种特殊的制度性路径依赖？事实上，湖南南部的食盐贸易情形，并非仅此自发的市场流动可以解释。有材料显示，盐商与当地地方官的勾连，反而是一个更为重要的因素。

两广盐商中，有一位真名叫作潘进的，就是我们在介绍田野点时叙述到的那位潘健行先生，留下了大量日记、书信和家训，反映了这种情况，可以深入揭示私盐市场形成路径的复杂性，并为理解传统中国市场如何嵌入社会提供重要帮助。潘进，字健行，广东南海西樵百滘堡黎村（即村头村）人，生于乾隆三十二年（1767），死于道光十七年（1837），享年七十一岁，是西樵百滘堡潘氏家族崛起的核心人物。道光《南海县志》有其传，为一千七百余字长文，略云：

> 潘进，字健行，号思园，百滘堡黎村人。自幼友爱性成，笃交谊，喜施予。读书不屑章句，屡困童试，澹如也。后以家贫，弃举业，习法家言。……其精于读律如此，粤中州县多延为幕宾而进。谓佐治者，如箭在弦上，指发由人，恐不能自行其意，遂改事盐策。如是者数年，又谓业此者，止可利用安身，不能惠人泽物，且终日持筹握算，亦觉其劳。方拟改业，会李可蕃观察楚南，招之往。……进居楚幕年余……度岭而归。归则林下逍遥，不经心尘务，而居乡族内。……道光十三年，西潦决围，民苦饥馑，飓风又作，族内房舍坍塌实多，进先捐资平粜，水退后，按房大小酌量给资，使自为修复，昏垫露处之氓，多所全活。而惠泽及

人之广远，尤在前后保护桑园围一事。……桑园围自乾隆甲寅后，频年溃决，修筑之费，累巨万，起科不足，继以题签。上则督责追呼，下则喧争聚讼，民甚苦之。……道光九年，围决三水县之陂子角，水建瓴下，由是桑园围之吉水湾仙莱冈等处皆决，进劝伍商捐三万六千两分助修筑。……援例候选直隶州州同，以孙斯濂贵，移赠翰林院庶吉士，晋赠候选员外郎。卒时年七十一。⑱

　　道光《南海县志》⑲以如此长文为其立传，足见其在地方或者地方志编修者心中的重要性。传内显示其主要事功有：第一，以盐策起家；第二，为李可蕃幕僚（李可蕃出任湖南粮储道后）；第三，经营桑园围⑳（当然主要表现为策略而非直接出资）。不过，即便如此，潘进已可沟通当道（如出任李可蕃幕宾），联结巨商（如劝十三行行商伍氏家族捐款三万余两白银），早已从普通乡民，跻身对地方社会有重要影响的人物之列，潘家从此崛起。潘进个人举业虽然失败，但其后人却在科举上取得了非凡成功。潘进生四子，到孙辈时，已有潘斯濂、潘斯湛、潘斯湖三人考中举人，潘斯濂高中道光二十七年(1847)丁未科进士，与李鸿章、何璟等为同年，为百滘第一位进士。⑦潘斯濂的成功，使潘家在地方上有了更大的影响力。潘斯濂生四子，其中誉征为同治十二年(1873)举人，亦入传《南海县志》，据志载，潘誉征一生的业绩主要有：第一，上呈官府，处理家乡桑园围水害；第二，统筹办理全省团练，抵御日本人；第三，请兵及自办联防局，对付沙田贼；第四，主纂县志。

可见，潘进时，潘氏在西樵已经获得了较多的财富，亦可沟通当道。到潘斯濂时，潘氏已经可以与任职于广东的封疆大吏沟通往来，获得了巨大的政治权力。到潘誉征时，潘氏掌握了地方文献的书写权力。这样，一门四代三人入县志之列传的潘家，无论在经济上、政治上还是在文化权力上，都在当地具有了极为重要的影响。

潘氏家族在地方有重要影响，潘誉征甚至主纂光绪《南海县志》，但对潘进这么一位在地方上如此重要的人物，道光《南海县志》重视叙述其所谓"事功"，却对其崛起的历史片言只语一带而过，显然，这显示了地方文献编修者的意识形态选择。所幸的是，潘进留下了大量书信和其他文字，被收录于其后人所刊刻的《潘氏家乘》中，成为我们了解他起家历史的重要文献。《潘氏家乘》至今未为学术界所利用，该书收藏于广州中山大学图书馆，共三卷二册，光绪刻本，著录为潘斯濂辑。但细读是书，可以发现，该书其实是由两个不同的编者编辑而成。第一个编辑者是潘斯濂，第二个是潘斯澜。如上文所述，潘斯濂是潘氏在科举中最成功的士人，为潘进四子潘以翥之子。潘斯澜是潘进二子潘以逊之子，潘以逊一直居乡，潘斯澜亦无取得功名之记录，很可能一直居乡耕读，但目前并无太多材料可以对其做进一步介绍。除《潘氏家乘》的目录外，全书有六个部分，分别是墓志铭、潘氏家规、潘氏家训、潘思园祖遗稿、潘氏家谱和家庙记，其中潘斯濂编纂了《潘氏家乘》的第一、第二部分，即思园公(潘进)"墓志铭"和"潘氏家规"，潘斯澜编纂了家乘的第三至第六部分，分别是"潘氏家训""潘思园祖遗稿"(又名"潘资政公遗稿")、"潘氏家谱"和"家庙记"。该书除第一部分非潘进文字之外，其他各部分全部或大部分都是潘进之著文，因此，《潘氏家乘》与其说是一部家谱，倒不如说是一部潘进文集。

通过分析这部家乘可知，潘进的经商范围广泛，他购买、经营香山沙坦，与江西朋友共同开设硝厂，和十三行巨商伍秉鉴等人合作管理规模巨大的桑园围等。[72]但对于他的起家史来说，最重要的还是经营盐业。据其家乘之"潘资政公遗稿"载，他于乾、嘉之交入业盐策，首先与许拜亭二人合伙经营番禺沙湾盐埠，获得了沙湾地

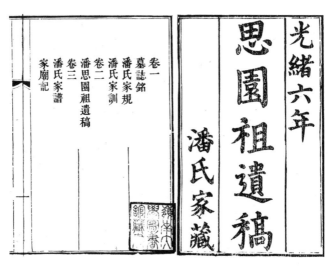

卷一
　墓誌銘
　潘氏家規
　潘氏家訓
卷二
　潘思圍祖遺稿
卷三
　潘氏家譜
　家廟記

光緒六年

思圍祖遺稿

潘氏家藏

《潘氏家乘》书影

区的食盐专营权。沙湾埠，位于沿海地区，附近居民易于获得食盐，是当时广东著名的"疲埠"，食盐销售并不畅旺。但是，它的好处是门槛较低，作为进入这个专营行业的第一个埠头，是相当不错的选择。此事反映出潘进从商相当有眼光。果然，他很快就在盐商的生涯中获得了很好的发展机会，与邓氏合股，共同赴韶州府经营乐桂埠盐务。乐桂埠，即广东乐昌与湖南桂阳的食盐销售口岸，负责粤北、湘南十余县的官盐销售，正是嘉庆、道光年间广东食盐外运规模最大、利润最高的盐埠。在这里，潘进获取了丰厚的利润，成为其起家的关键。⑦

经营乐桂埠期间，潘进获得了非常好的发展良机，那就是李可蕃出任湖南粮储道。⑭李可蕃，字衍修，号椒堂，广东南海人，道光《南海县志》记载为佛山人⑮，"南海历史文化丛书"之《南海衣冠》则考订其为丰华堡人⑯，而潘进则在家乘的书信中，记载其为儿时同学李可琼之二哥。李可蕃乾隆六十年（1795）中举，嘉庆七年（1802）中进士，授翰林院编修，不久即升山西道监察御史，兵科给事中。其间，他关心家乡事务，屡上条陈，深得嘉庆皇帝肯定。嘉庆二十一年（1816）外放湖南粮储道。接任命后，李即修书潘进，要求履行十年前他们俩闲聊中的一个约定：如李外放即招潘为幕僚。潘进随即复信李可蕃，答应其赴湖南为幕僚，云："椒堂四兄大人阁下，六月接京来手书，欣悉吾兄荣升粮道，分藩南楚……今总埠事者，系孔复之二兄之令郎，英姿卓扱，待弟以礼，伊埠现招水客，诸多布置，弟悉与参末议，此诚义不容辞，实非好为冯妇。弟经手事件，稍为部署，即能治装赴楚……期于明年返粤。"[77] 信中，潘进首先详述了不能即刻出发北上之缘故，在于他参与乐桂埠盐务贸易事，还有不少俗务需要安排。通过检校《两广盐法志》得知，嘉庆二十年（1815）前后，乐桂埠归属于商名"孔文光"的广东盐商[78]，当时"孔文光"辖有粤北与湘南十一个盐埠，分别是广东的乐昌、曲江、乳源三埠和湖南的桂阳、嘉禾、蓝山、临武、郴州、宜章、兴宁、永兴八埠。"孔文光"商名之下的孔氏，就是与潘进同籍的佛山南海孔氏，根据活动时间推断，嘉庆二十年（1815）前后执掌"孔文光"商名的，应该是孔传颜[79]，也就是潘进信中所说的"孔复之二兄之令郎"。实际上，当时孔氏与潘进的关系，并不仅仅在其待潘进以礼，而是潘进与邓氏合股，在总商"孔文光"名下经营乐桂埠盐务。㉚乾隆末年，两广亦仿两淮盐法，实行了纲法，所有两广盐商均被纳入六个商纲（"六柜"）之下，广东北部及湖南南部粤盐法定引区，属北柜范围。潘进显然已从沙湾埠商转身而变为北柜盐商了，并被归入总商"孔文光"名下经营官盐贸易。

因此，当时潘进面临的形势是：他在"孔文光"的商名下经营着乐桂埠的盐务，乐桂埠的粤盐仅仅依靠法定的广东北部和湖南南部郴州等地的消费人群消费，正如前文所指出，由于盐引额分配与地区人口之间存在内在比例关系㉛，食盐显然难以超卖，只有大量走私，将官盐化为私盐，销售到湖南的衡州等两淮盐区，才有可能达到超出乐桂埠额定盐引的效果。但这种操作，显然有两个问题需要解决：其一是两广盐区官方允许乐桂埠超售；其二是在理论和事实上，两淮与湖南方面都必然会采取各种政策与武力手段，设法限制两广食盐非法进入两淮盐区的衡州府以及更北部的湖南地区。这里，我们先讨论乐桂埠盐商潘进如何解决第二个问题。显然，此时他儿时同学的哥哥出任湖南粮储道，而且他与李可蕃还有出任幕宾的约定，一个与湖南官场建立良好关系的机会触手可及。潘进将如何审时度势、做出决策呢？果然，不出所料，他采取了行动。面对儿时同窗的兄弟，他修书李可蕃，毫无保留地陈述了自己希望得到湖南官方照顾的愿望。他说："楚地郴州、永兴、宜章、兴宁、临武、蓝山、嘉禾、桂阳八州县，例食乐桂埠盐，本埠饷引特重，每被邻充。又湖南淮地卡员，常入粤境滋扰，二者深为埠累。八州县皆衡永道辖属，彭道宪于十四年时，承吾兄札致之后，极蒙关照，倘因公晤彭道与盐道二宪，能面托其时时谕所属，加意体恤，则弟之来楚，更可安心。"㉒潘进所谓乐桂埠在湖南南部桂阳州等八州县官盐合法销售区"常被邻充"，明显与当时的事实不符。湖南桂阳等八州县，在清代食盐贸易体系的规范下，接壤的就是两淮盐区的衡州府等地。无论是中国第一历史档案馆所藏清代盐务档案，还是两广和两淮的盐法志，甚至当地不少的地方志，都有记载反映：当时不是乐桂埠的湖南埠地被邻近的两淮盐区私盐所冲击，即所谓"邻充"，而是恰好相反，乐桂埠的广东官盐经常冲击两淮官盐在湖南的引地。潘进如此叙述，显然是为了博取李可蕃的同情而歪曲了事实。而其所谓"湖南淮地卡员，常入粤境滋扰"，则属实情，正是因为当时广东官盐不断化官为私，流入两淮盐区的湖南地界，两淮卡员才不得不进入两广盐区的湖南地界展开调查。㉝关于这方面的详情，下文将详细论述。这里要强调的是，盐商潘进信函里的叙述，说明哪怕面对自己交好的朋友，他也是有利益导向的应对策略的。信札内容还说明，李可蕃在出任湖南粮储道之前，已经帮助过潘进的官盐化官为私进入两淮引地，嘉庆十四年(1809)，李曾致信衡永道道台彭应燕，请求其关照潘进等广东盐商，减少湖南"卡员""入粤境滋扰"，据潘进的说法，效果非常之好。这次李可蕃出任湖南粮储道，潘进遂希望他能直接在李可蕃的引荐下会晤湖南衡永道彭姓道员，并直接面见湖南盐法道，以进一步减少湖南"卡员"对粤盐盐商的"滋扰"，以扩大广东官盐走私进入衡州府的规模。

有趣的是，嘉庆十九年（1814），湖南提督魁保曾上奏，称"经督臣马慧裕加派文武，抚臣广厚派令衡永道彭应燕、协同盐道图勒斌，会同营员、带领弁兵把住衡永一带要口，四处淮引可望畅销"[84]，由此可见，五六年前曾经帮助过潘进走私食盐入境的衡永道道台彭应燕，当时仍在任上。这说明潘进实现愿望的可能性非常大。而且彭应燕此时的一大职责正是"协同盐道图勒斌，会同营员、带领弁兵把住衡永一带要口"，以控制广东食盐的侵入，正是所谓"县官不如现管"之现管官员。显然，他在潘进和李可蕃的要求下会如何行动，不言自明。而湖南地方以及两淮盐区希望借此"四处淮引可望畅销",实在非常滑稽。然而,这正是传统中国政治或者说官场的真实写照。这种场景的出现,自然意味着衡州府的广东私盐规模下降的可能性相当渺茫。

但是,对于面对督销考成和盐课考成的湖南地方官来说,非常重要的问题是,他们为何能对广东盐商减少"滋扰"的请求网开一面呢?或者反过来问,为何广东盐商会希望湖南地方官和盐政官员对其网开一面呢?其实此事事出有因。有清一代,淮盐地界不断受到邻近各盐区私盐的浸灌,其中很多时候,均属界邻地区的官盐盐商所为。顺治十七年(1660)四月,两淮巡盐御史李赞元指出:"臣确访私盐来路,大抵广东私盐由南路运过梅岭,直抵九江;西路从各水透之衡州,转至武昌;福建之私盐由八水关贩至饶州;浙江之私盐自广德梅渚并泥水东坝越界至芜湖;河东私盐越河南至襄阳,径往下江;淮北私盐犯界直至岳州。"㉟到雍正十二年(1734)九月，两淮盐政高斌在细致地谋划解决两淮盐务积弊的方案时，则明确指出邻私主要来自邻近盐区的盐商，他说："今浙、闽、川、粤及长芦之商乃于淮盐接界、地僻人稀之处，广开盐店，或五六座、十余座至数十余座不等，多积盐斤，暗引枭徒，勾通兴贩。是私枭借官盐为囤户，盐店以枭棍作生涯。"⑱高斌认为相邻盐区的官盐商走私，主要倚靠了私枭。因此，两淮盐区不断加强对边界邻近盐区私盐的查处，努力防止其他盐区盐商向淮盐地区销售食盐。高斌提议从源头上消灭邻私，其方案是"恳请圣恩，敕部定议，行令河南、浙、闽、川、粤各该督抚，通饬地方官，接壤处所开设盐店逐一严查，其有应留一二店以备本地民食者，酌量存留，详报该官上司核实。其余盐店悉令撤回于城市开张，倘有不遵，仍前勾枭贩私，即严拿从重治罪"⑲。高斌剖析了邻近盐区盐商走私食盐的策略，认为他们采用的是勾结盐枭，武装走私的办法。不过，即便这样，其建议也拖延了六十多年，经过无数斗争与辩论、发生众多盐区之间的纠纷后，直到乾隆六十年（1795）才成为圣谕准之的"定例"：所有与淮盐接壤的其他盐区的食盐专卖店，必须开设在离淮盐边界三十里之外。⑱从此，两淮盐区在边界地区不断加强对邻盐的稽查，直至道光年间发生非常著名的两江总督陶澍领导的大规模砸毁周边盐区官盐店的故事。⑲潘进书信中所谓两淮"卡员""滋扰"粤商，所指正是此类两淮盐官与湖南地方官稽查广东食盐，防范他们在靠近淮盐区边界三十里的范围内开设盐店的事情。

其实，现在看来，此事非常蹊跷。众所周知，清代盐务有考成责任，对盐政官员和地方行政官员均有约束。⑳那么，在上述大背景下，湖南地方官和盐务官员，如何还可以应广东官员的要求，袒护粤商将粤盐销售到淮盐区呢？这主要是由当时两淮盐区的食盐运销制度与其他盐区并不一致而决定的。正如上文所指出的那样，两淮盐区在湖广实行的是"一体通销"制度，而两广盐区实行的主要是"专商引岸"制度。与其他盐区的"专商引岸"制不同，早在康熙四十九年（1710），两淮巡盐御史李煦等即已题准"湖南引盐一例通销"。当时，户部复准其题本称："今据该御史李煦会同原任湖广总督郭世勋、偏沅巡抚赵申乔疏称，湖广十五府一州隶食淮盐，盐引无分南北，一例通销……运到汉口之盐，听水商分运各处销卖，缉私办课，两有裨益，应照所请，将衡州等处盐引俱行一例通融销售。"[31]李煦奏准之后，淮盐在湖广地区一例通融销售，盐引不直接分配到具体的州县。因此，湖广淮盐地界的盐法考成，与其他盐区不同，无论是地方官、盐务官员还是盐商，均无须以州县为地域范围来进行考核，其结果几乎等于允许淮盐商人放弃与粤盐交界的衡州等府引地。从此，衡州府等地地方官没有盐务考成压力，既可以为两淮盐政充当马前卒，按朝廷要求查稽不断渗入的粤盐，也可以卖给同僚们面子，放弃对努力越界北上的粤盐的查缉。自此始，淮盐在衡州府的销售逐步变得有名无实，两广食盐大量灌入其地界。乾隆二年(1737)湖广总督史贻直进一步奏准，在淮粤盐交界地区"遇淮盐不能接济，仍遵零星食盐免其缉捕恩旨，听从民便交易零盐，以资日食"②，更为粤盐北上提供了制度的默许。因此，在这样的制度背景之下，湖南地方官甚至盐务官员都可以在特定条件下，为粤盐北进提供可能。嘉庆二十年(1815)南海佛山人李可蕃出任湖南粮储道时，像嘉庆十四年(1809)那次一样，再次接到了身为兄长同窗的广东盐商潘进的信函，潘希望通过他得到湖南衡永道和盐法道的庇护。而更为有意思的是，潘进已经在书信中答应李可蕃，他很快就会去充当李的幕僚。可以想见，这样的人际关系组合的作用，比嘉庆十四年(1809)李可蕃给彭道台修书一封，对潘进的乐桂埠食盐北上衡州府淮盐地界所起的作用，肯定要大得多。相信类似故事一定还会在淮粤盐区的界邻地带翻版出现，其事实结果是，粤北和湘南地区成为当时广东食盐唯一畅销的地区。根据《两广盐法志》记载，嘉庆八年(1803)，两广盐课积欠白银四万七千余两，嘉庆十一年(1806)，积欠十八万一千余两，到嘉庆十七年(1812)则积欠至二十九万四千余两，几占额定盐课六十余万两的50％。无怪乎陈铨衡说，"递年果能征收足额否耶？潮桥仅能开报七成"[93]，省河"中柜各埠只认完引饷五成……东柜引饷只认完五成，南柜饷额最轻，亦仅认完七成耳"，唯"北柜号称畅销，递年可融销别柜悬引"[94]。据两广总督阮元说，嘉庆十年(1805)，北柜"陈建业、梁萃和等人复无力，先后顶与该商孔文光，合力办埠"，结果"孔文光"等盐商经营的北柜，尤其是乐桂埠"历届奏销，年清年款"[95]，成为清中叶以后两广盐区唯一畅销且可融销别柜悬引的地区，从而引发长达二十余年的多位两江总督、两广总督及其下属官员卷入的，大规模的两淮与两广盐区之间的"淮粤之争"。[96]非常有意思的是，在这些封疆大吏争吵不断的大背景下，湖南一些中下层地方官和盐务官员却出于特殊的原因，与粤盐商人"暗通款曲"，推动广东官盐化官为私进入两淮引地——衡州府。显而易见，这种私盐，无论称之为商私还是官私，名称上均无大碍。这与包世臣刻板的私盐类别划分中的商私还有一定程度的关联，而与其描述的官员自身"挺身而出"走私食盐的官私，则已大相径庭，却又无法否定其属于商私或者官私的范畴。

当然，本书的目的，并不在于与包世臣对话，去分辨官私、商私的特殊与复杂性，而是力图通过潘进、李可蕃、彭应燕的故事，来揭示私盐市场形成的策略与路径。显然，潘进故事中的私盐侵入湖南的量，绝对比贫民肩挑负担四十斤为限，以及在羊肠小道翻山越岭、车载人驮还得小心躲避巡丁巡查的私枭走私的食盐量要多得多。可惜，这种情况无论古今都是不可能产生统计数字的，但这种趋势，应该可以得到读者的认可。因此，关于私盐市场形成路径的分析，这种类型反而是最值得重视的。那么，这种路径有何特点呢？概而言之，这当然可以归结到大而化之的所谓"市场嵌入社会"的理论或者"官商勾结"加以理解。但是，这样简单化的处理，显然无法深化我们对传统中国市场形成的理解，也无法为"市场嵌入社会"理论提供超越的可能，甚至连为其提供细节的目的也无法达到。因此，我们必须分析此故事的具体特点，并加以理论化。我们认为，这一特别的食盐走私故事，为过往研究以及事件发生时的其他史料所忽略，最主要的原因，就在于其在传统中国的道德体系之中，是见不得光的事件。但超出我们想象的是，一位盐商，却在自己的族谱中，保留了如此珍贵的史料，让我们有可能深入探究传统中国私盐市场形成的机制与深层次逻辑。显而易见，潘进走私食盐所采用的策略，是在国家权力直接参与、干预、制约的食盐专卖贸易体系框架之下，利用自己的社会人际关系网络（亦即布迪厄所谓"社会资本"）和制度内在结构，联结关键的官员，依靠官员的行政力量，消除私盐运销的阻碍，最终达到扩大私盐销售市场的目的。人际关系网络在本案例中似乎并不复杂，无非就是乡谊、学谊，同乡加同学，年轻时候的约定，等等，它使潘进与李可蕃建立起超过一般朋友的特殊关系，这种关系比起商人依靠纯金钱建立的关系，要稳固可靠得多。无数案例说明，在传统中国，这种关系的好处在于，在这种关系的基础上，再加上其他利益输送，双方都会比较踏实，办事比较放心。如果只是纯金钱关系，那么双方都会互相提防，办事效率会相对较低而且风险相对较大。因此，此故事中的潘进，以及潘进所在的乐桂埠，确实遇到了传统中国人际关系网络中最可依靠的因素。这为他们大规模向两淮盐区走私食盐，提供了极大方便。在某种意义上，这不仅可以归结为市场嵌入社会，市场形成于社会关系网络中，也可以理解为是传统中国的文化体系形塑了中国传统的独特的社会关系网络，也就是说，正是中国传统文化所重视的各种关系结构（"谊"）型构了人们的人际关系或社会关系网络，而这种关系网络又直接影响到市场的形成。在这一意义上，我们也可以理解为传统中国的市场形成于文化结构与网络，即在国家参与、制约的经济体系里，利用既有的制度体系，由文化结构和网络创造出市场。当然，这一理解，并非对波兰尼的真正超越。波兰尼尤其是其后继者的嵌入体系里，同样存在着文化的位置。本案例只是在"市场嵌入社会"理论体系中，提供了一个非常具体的市场嵌入社会的故事，并用以阐释传统中国市场形成的具体策略与路径。

那么，乐桂埠盐商们利用的制度内在结构又是什么呢？这主要是指传统中国制度体系实际运行中的原则与变通相结合的结构特征以及既有的制度体系。关于传统中国制度的原则与变通相结合的结构特征，我们知道，传统中国的各种制度，一般都有一套成文的条文体系刊刻在纸面或石碑上，但是，任何制度在运行过程中，都会展现出极其复杂的灵活性。刻板一致且一直被认真执行的制度,似乎从来都不存在。清代食盐专卖制度就是这种制度结构的典型,它理论上是一套专商引岸的体系,但在实际执行中,即便是广义的专商引岸(即盐商为专商且限定引岸为本盐区)制度,有清一代也主要是在两淮、两浙盐区实行,其他地区如广东、福建等盐区,在部分时间段里,或者盐商不是专商,或者盐区内部部分地区直接自由行盐,这些盐区只有部分时段实行了专商引岸制度。可见,清代食盐专卖制度的实行,不仅有强烈的地域差异,也有巨大的时间差异。这些差异,主要是各地官员向朝廷奏报,提出自己的具体情况和要求而造成的,也就是说,户部和皇帝可以随时根据地方官员和盐务官员们提出的实际情况和要求,修订某地、某时的制度规定。而且,在这样灵活多变的制度框架的具体执行中,地方官员和盐务官员们还会有具体的落实办法,从而使得制度更加丰富多彩。清代食盐专卖制度作为一个体系，主要体现的是一种专营原则，而不是具体的统一性实践。正因为制度的这一结构特征，两广盐区的盐商才有机会利用康熙以后淮盐在湖南"一体通销"的制度以及考成制度走私粤盐入淮，湖南地方官员也才有可能利用"一体通销"的制度以及考成制度为两广盐商走私食盐进入衡州府属地大开方便之门。

而既有的制度体系，指的就是经过千百年演化而来的已经结构化的清代食盐专卖制度。这一制度，已经在交通道路和运输系统、批发零售体系、价格博弈，以及商人的准入、私盐的查缉等食盐贸易体系的各个环节形成了自己的运行机制，塑造了一套结构，形成了市场路径。它解决了货币、度量衡的统一问题，解决了交通与信息流通的困难以及一系列制度问题，总之是解决了制度经济学所强调的市场形成的制度环境。从这一角度出发，我们可以发现，潘进打开湖南市场，不仅仅依靠了传统中国文化体系形塑的他的独特的社会关系网络，利用了清代灵动多变的食盐专卖制度结构，而且利用了官盐贸易的结构化制度体系所形成的市场路径。无论是进入食盐贸易体系的方式，还是食盐运输、批发、定价等环节的方法，他使用的均是清代官盐贸易已经形成的非常成熟的办法。也就是说，在潘进的故事中，他打开湖南市场时，完全利用了既有的官盐贸易体系。这种既有的官盐贸易体系，就是制度内在结构的另一个特征——结构化的制度体系。由于私盐贸易利用了官盐贸易的这一结构特征，我们自然可以认为，私盐市场的形成对官盐贸易有某种路径依赖。正是官盐贸易为私盐贸易解决了市场形成的制度环境。这说明，清代私盐市场形成，不仅需要盐商的人际关系网络，更需要国家参与与干预的制度结构的支持，而人际关系网络和制度结构特征，又由传统中国的文化体系所决定。因此，我们可以认为，清代私盐市场形成所采用的路径与策略，是奠基于传统文化体系的人际关系网络和国家参与与干预的制度结构，并沿用了官盐贸易的路径。在这一点上，我们的分析与符平的"显结构"和"潜结构"理论有深刻的内在关联。但是，我们更加重视的是符平的研究中被淡化了的"显结构"中的"潜结构"和"潜结构"中的"显结构"。一方面，制度体系当然属于显结构范畴，但其灵活复杂，则明显受制于潜结构中的文化传统；另一方面，文化体系显然属于潜结构范畴，但是，它又通过作为显结构的人际关系网络和制度表达出来。而更为重要的是，制度灵活复杂的变化，不能简单且机械地认为是市场演变的内在机制，而应该认为，它们直接构成了市场形成的逻辑和市场形成的策略。当然，在很多时候，制度的变化是市场演变的内在机制，是一个正确的结论，但是，这一正确结论却不足以揭示制度的复杂灵活所构成的制度结构正是市场形成的策略这一秘密。因此，我们如果简单地将本案例归结到"市场嵌入社会"理论或者"社会资本"理论，自然不能说是错误理解。但是，如果到此为止，就会失去该理论的诸多具体内涵。目前我们所揭示的清代私盐市场形成采用的路径与策略奠基于传统文化体系的人际关系网络和受制于国家参与与干预的制度结构的结论，就是对这一内涵的细致阐发。当然，需要重视的是，潘进这种案例，很容易会被判定为简单的官商勾结故事⑰，而使研究者放弃对其的重视。但是，这样就会错失我们对传统中国市场形成的策略与路径的考察可能。当然，故事如果到此为止，对我们理解传统中国市场的形成机制与逻辑，还不够形成足够的冲击。而在接下来的故事中，我们将进一步揭示市场形成的路径依赖，以期进一步深化我们对传统中国市场形成逻辑的理解。

五、私盐市场的路径依赖：阮元与苏高华的故事

从经验事实出发，分析清代私盐市场形成的策略与路径后，我们当然有必要继续分析该路径形成的路径依赖问题。需要说明的是，下文所述，并非时间序列上的路径依赖，而是逻辑顺序上的路径依赖，在历史的时间序列上，我们不得不承认，潘进的故事，本身就是路径依赖的表现，此类故事，早在汉唐时代即已屡见不鲜，本书将其当成市场形成之方式、策略与路径的典型案例，其实是基于对历史文献的统计学意义的理解而选择的一种叙事策略⑱，历史文献中此类故事的记载不少，但详细如此的则不多，而私盐市场的形成路径，恰好又可以看成是传统中国市场形成的经验事实与逻辑结合的实验场。因此，将史料记载颇为翔实的潘进故事当作逻

辑上市场形成的起点，从市场嵌入社会理论出发，深入探究传统中国市场形成的路径与逻辑，未尝不是一个具有操作性的可行选择。

在这样的理解之下，现在我们回到与潘进故事同时代的清代嘉庆、道光年间的湖南和广东。在某些中下层地方官员及盐务官员与广东盐商"暗通款曲"的同时，两淮与两广盐务之间的"淮粤之争"也在如火如荼地上演，双方角力的主角主要是两个盐区的高级官员。不过，由于这一角力时间跨度很长，本书篇幅所限，无法全面展开讨论，并且在逻辑结构上，也无必要展开全面讨论。因此，本书仅就其中与潘进经营乐桂埠的时间段比较接近的嘉庆、道光年间进行分析，并且着重讨论其中的"熬锅"纷争。所谓"熬锅"，即广东盐商设在粤北官盐店的用来煎熬食盐的铁锅。清乾隆二十年（1755）以后，两广所产食盐全为生盐，即晒扫之盐，色白，无须煎熬可直接食用，淮盐则为煎熬后之熟盐，色灰黑。淮粤边界市场上流通的食盐，一睹即知淮粤，极容易判断是否走私。但嘉庆十二年(1807)，广东方面提出食盐从广州运输到粤北的过程中，常常会有"海船舱底之盐，名为扫舱；埠中进出渗漏之盐，名为地砂，色黑难卖"，为避免损失，两广总督吴熊光奏准"连盐包烧灰淋出卤水，以之熬出熟盐，在近村零卖"，是为广东盐商可将生盐熬熟之开始。⑲ 从此，淮粤边界市场上的淮粤官盐，在外观上可以没有明显差别，这为粤盐北进淮盐地界提供了事实上的方便。这个政策的出台，实在非常暧昧。毕竟它主要只在广东北部淮粤边界实行，连属于两广盐区、运盐道路更偏远的广西西部地区，暂时也未见到相关记载。这似乎在暗示，该政策完全就是广东盐商与官方合谋，希望借此将盐运入淮盐地界而出台的。若事实果真如此，这应该是最大规模的"官私"，而且丰富了上文所论述的私盐市场形成路径的细节，证实了上文提出的"两广盐区官方允许乐桂埠超售"的推测。在制度上，嘉庆、道光年间两广盐区实行的是狭义的"专商引岸"制，盐引额直接分配到每个盐商的埠地。如果不得到两广盐区的官方许可，乐桂埠的超售其实是大有问题的。因此，潘进以及商名"孔文光"的盐商联合彭应燕，将广东官盐大量走私到衡州府等地，广东官方的允许也是必不可少的环节。而这一政策的出台，已经暗示广东官方对此类行为的实际支持。

正如前文所指出，有清一代，两淮盐区一直有周边盐区的食盐渗透进入。在淮盐畅销的形势下，淮区盐政官员和盐商对此相对能够容忍。但是，一旦淮盐利润下降、销售困难、欠课趋势加重，他们就会要求朝廷限制邻盐渗入。乾隆末年起，清廷军费剧增，盐政再次顺理成章地成为扩大财源的重要目标。清王朝不断向盐商增加种种摊派，本已积弊重重的两淮盐政，更是雪上加霜。嘉庆伊始，盐引、盐课壅滞现象越来越严重。嘉庆二十四年(1819)，湖广、江西额定行销食盐 105 万引，无商认领的盐引已达 25 万。道光二年(1822)，两淮盐课积欠已达 4300 多万两白银，道光十年(1830)盐课积欠再攀新高，达到 6300 万两白银之巨，为两淮盐课 20 年的总额，几近清王朝一年的财政收入。因此，两淮盐官和两淮盐区的地方官，发起新一轮对周边盐区官盐走私进入淮界的反击，以求减轻邻私的冲击。而这个时候，恰好广东官盐除了在湖南南部乐桂埠等地极为畅销外，在其他地区也全面滞销。乐桂埠等地官盐的畅销，自然也就使两广盐区顺理成章地成为两淮盐区官员们反击对象的一部分。

嘉庆十九年(1814)十一月初一日，湖广总督马慧裕、湖北巡抚张映汉、湖南巡抚广厚、两淮盐政阿克当阿四人联衔上奏，要求"仰恳圣恩，敕下接壤两湖之川、粤、陕、豫各督抚，嗣后凡邻近楚省边界之州县止准行销额引，不准将别州县之引融销于邻楚边界州县"[100]，明确要求邻盐不得将淮盐边界地区作为其盐区拓展食盐销售的对象。显然，如前文所述，由于淮界地域广，在周边地区，其食盐与邻近盐区的食盐存在明显的比较劣势，淮盐区提出这样的要求是符合市场实际的。事实上，周边盐区也不断有邻近盐区的官盐走私进入淮界。嘉庆二十二年(1817)，湖广总督庆保曾有奏章谈到粤盐北进的情形。他说，"本年六月以来，衡州府属各州县拿获私盐十余起，皆系粤东透漏。……近来湖南郴桂等八埠以及例食仁化埠之桂阳、桂东、酃县各处子店甚多，以永兴县属杉树下地方，熬户(指安设熬锅煎熬粤盐的商户——引者注)群集，距安仁不上十里，又近接茶陵、末阳、清泉、衡山等州县，在在可以透漏。其余近接淮纲地面，更有囤户窝藏，大伙贩卖，侵灌下游"[100]，以致"永州、宝庆虽存淮引之名，并无行销之实"[102]。因此，从情理上说，马慧裕奏折所提之要求，完全是合理的。但是，马慧裕等人的这一提案由于周边各盐区反对，并未得到执行。从此，广东盐商的"熬锅"就成为淮盐区官员们在盐务问题上最为恼火的事情之一，从而成为当时淮粤盐务纷争中的核心问题。

据目前所见史料，淮粤熬锅纷争始于嘉庆二十年（1815）。是年，粤盐区的湖南郴州永兴县民黄荣瀣控诉一名叫李文煌的人贩卖私盐，称其盐来自广东盐商，云："广东乐昌埠商孔文光所管十一埠，九埠在湖南，两埠在广东地方，各有子埠，设有炉灶，熬盐销卖。"[103] 得知此消息后，正在为盐务问题焦虑不安的两湖官员们感觉找到了邻盐入侵的证据，既然上一年对付周边邻盐的奏本因为各省反对而未施行，那这一证据的重要性便不言而喻。为此，湖广地区对盐务负有责任的官员们立即抓住此事不放，把案件从李文煌个人贩卖私盐，变成对广东官盐"化官为私"进入湖南的反击战，最终形成两个盐区之间的"淮粤熬锅之争"。

永兴地方官审理此案后，将广东盐商"孔文光"在邻近淮盐边界的湖南南部地区熬制食盐的消息层层上报，最终交由湖广总督马慧裕处理。马慧裕对此甚为担忧，他认为："粤盐色白，淮盐色黑，诚恐该商等煎熬粤盐等为名，任意多熬，搀和沙土，充作淮盐，越境售卖，不可不防其渐。"[104]而且，马慧裕发现广东盐商"孔文光"所管湖南各埠，均设有子埠，子埠设有子店，"每子店应设炉灶若干口，每口应熬盐若干斤，均无定数"，马慧裕认为，粤盐的这一销售格局，"易滋私熬充塞，滋生事端"。[105]显然，马慧裕抓住了该事件的核心问题。广东盐商的这一做法，对于粤盐北进渗透到淮盐地界，并且使粤北和湘南地区成为两广盐区唯一的食盐畅销区的作用肯定不可小觑。

面对广东盐商这一唯利是图的做法，淮盐区有盐务责任的官员，从嘉庆二十年（1815）开始到道光十七年（1837）为止，用了二十多年的时间，不断发文咨商两广总督、上报户部，直至上奏天听，提出自己的诉求，希望抵制粤盐向北渗入淮界，以维护或提升淮盐的销售。

依时间的不同，他们提出的要求也略有差别，主要有下列几个方面。

（1）嘉庆二十年（1815），湖广总督马慧裕要求广东盐商固定熬锅数目。鉴于粤盐子店无定数，炉灶无定数，他担心粤商将大量白色生盐煎成灰色熟盐，因而提出要求，希望广东方面"设定炉额，交地方官实力稽查"。户部支持了马慧裕的方案，但被广东方面反对而未成功推行。[⑩]道光十一年（1831），湖广总督卢坤曾上奏再次提出此方案，得到道光皇帝钦准。

（2）嘉庆二十二年（1817），粤盐依旧不断向北渗透，湖广总督庆保被迫提出了将湖南南部永州、宝庆二府改划给两广盐区的提案，但遭到嘉庆皇帝痛斥。随后，他转而对广东方面提出了比较严苛的要求，主要有三点。第一，核定广东九埠额销粤盐数量，核定各埠子店数量，将子店移出淮界三十里之外。其文云："请转饬孔文光所管南省地面桂阳、嘉禾、蓝山、临武、郴州、宜章、兴宁、永兴等八埠，及粤省地面仁化埠行销郴属之桂东、桂阳二县、衡属之酃县食盐，查明分销引数，循照定例，于淮界三十里外酌设子店，定以额数。"庆保这一提议的基本依据，是从雍正到乾隆历时六十年、经过无数争吵所形成的"两淮定例"，该定例要求所有与淮盐接壤的其他盐区的食盐专卖店，必须开设在离淮盐边界三十里之外。第二，子店商人名册由湖南地方官管理、连环具结，由湖南盐道主持其考察。他要求："由地方官收具子店姓名年籍，查系何商所管，何埠补充，按名取具连环保结，粘加印结，造册赍道立案。仍由道设立循环印结，饬令该店将所发某地盐数挨次登填，呈缴各地方官，按月赍道循环考核。"第三，湖南方面直接查处不法子店。他要求，在完成上述两个工作后，由湖南方面"半年委廉干可信之员密查一次，遇册内无名别店有大篓粤盐发收，即以囤私论。嗣后，毋许子店煎熬，藉官行私。若淮地卡所再有拿获私盐，除本犯按拟究办外，必根究买从何店，卖系何商，保举提同并案严究，以端本澄源！"⑩ 显然，该方案如果正式实施，广东盐商通过熬锅向湖南淮盐区渗透食盐的可能性必将大受限制。但其方案亦被广东方面反驳而未施行。

（3）道光十六年（1836），陶澍要求粤盐子店每店仅可设熬锅一口。道光十年（1830），陶澍新任两江总督，次年，两江总督的职责增加了"主持盐政"一项。陶澍面对的是淮盐盐引、盐课皆严重积欠的事实。因此，他首先对江西南部广东行盐地界同样存在的"熬锅"，展开了有史以来最为猛烈的反击，从派大员与广东方面会勘、核定粤盐子店和"熬锅"是否在淮界三十里之外，到直接派出兵丁拆毁粤商设于江西南部粤盐地界内的盐店，并且不断上奏，同时发文咨商广东方面，各种办法兼而施之。虽然其重点在江西南部，但同时也"照顾"到了湖南南部的情况。道光十六年（1836），他在道光十年（1830）卢坤核定熬锅得到钦准的基础上，上奏要求：粤盐子店

"每家只准存锅一口，永为定额，不准私自加增及添设子店，锅口尺寸亦不准稍有宽大"[108]。其要求得到了道光皇帝钦准，似乎为"熬锅"事件画上了句号。

但是，实际上，这个钦准并没有为"熬锅"纷争画上圆满的句号。因为，每次湖南或者两淮方面提出要求时，广东都会以冗长公文、举出诸多理由加以反对，以致每每两淮方面提出的方案，均无法实施。这些公文数量众多，文字烦琐，这里仅列出广东方面最有影响的几次反驳及其理由如下。

(1)嘉庆二十年(1815)，接到马慧裕咨文后，两广总督蒋攸铦拒绝核定熬锅数量。其理由是：粤北乐昌和湘南粤盐各埠，"递年额销引盐，自省配运，长途跋涉，挽运维艰。盐包破烂，沾染沙泥，或埠中积存仓底青盐，及走卤盐泥，转发子店淘洗煎熬销售，事所常有。其煎锅炉灶，即卖熟盐各埠销售不一，时有时无，实难悬议额数。况淮盐色黑，粤盐色白，彼此不同，无从挽越"⑩。此提议虽未获户部批准，却也在公文往返的悬宕中，维持着粤盐"熬锅"的正常运行。至于其所谓粤盐"色白""无从挽越"的说法，自然得不到两湖官员的信任。但其回应，也让马慧裕的方案并未成功施行。

（2）嘉庆二十四年（1819），阮元针锋相对地回应并完全拒绝庆保的三大强硬要求。其主要理由有以下几点。首先，所有粤盐子店均已在淮界三十里之外，符合"两淮定例"的要求，无须移撤。他说："经查，乐昌开各店设在广东乐昌县境内，距淮界五百余里……湖南桂阳、嘉禾、蓝山、临武一州三县……各距淮界一百九十里，又湖南郴州、宜章、兴宁、永兴一州三县……均不在三十里内。……是淮粤交界在淮界三十里内者，系应留之列，其在三十里外百数十里至数百里者，系粤引内地，与淮境毫无关涉，自应遵奉谕旨各守界址，自固藩篱，不得轻改旧章，致滋流弊。"其次，粤盐子店在淮界三十里之外，且滞销于粤北、湘南，可见并无侵入淮界，无须湘省委员直接入店查盐。其文云："今乐桂埠各盐囤子店远者距淮界数百里，近者亦距淮界百余里……淮界内应于界内设法堵缉，未便越境直入粤引内地，轻议更张，又委员直入粤引内地稽查！况乐桂等埠递年应销正匀各引一十六万余包，今该埠积存完饷未销之引至六十余万包之多，档册可查，其未畅销充淮已可见。该埠引繁饷重，疲难素著，正在设法堵缉邻私，疏销官引，何堪邻省越境滋扰，格外苛求，致误奏销，而碍民食？"最后，粤商名册无须湘省过境过问。他说："至楚省来咨，拟将乐桂子店按名取具连环保结，申缴湖南盐道，又由盐道设立循环簿，按月查考一节。查该埠之曲江、乳源、乐昌三县去湖南盐道衙门二千余里，即桂、嘉、临、蓝、郴、宜、兴、永八州县，去盐道衙门亦千余里。乐桂子店数百余间，若照来咨，按起登填，计每日需一簿，合埠日需数百簿，一月数千、万簿，遍给则事太纷繁，摘给又多遗漏。……且乐桂囤店设在粤引内地，距淮界自百余里至数百里，该商有引饷之责，地方官有督销之责。该商遇用子店不慎贻误引饷，自有查抄监追之罪，地方官督销不力，自有本省督宪考核题参，似均无庸淮境过问！"阮元强调名册不便交给湘省保管，是因为：其一，空间距离太远，难以操作；其二，需要名册数量过多，无以操作；其三，广东自有地方官管理盐商，无须湘省过境查问。此番回应，理据似乎比较充足，因而口气也颇为强硬。此次回应使嘉庆二十二年(1817)庆保所提方案未能实施。

(3)道光十七年(1837)，两广总督邓廷桢上奏拒绝陶澍核定粤盐熬锅的要求。此次上奏，所论主要是赣南粤盐子店情况，但结果同样适用于湖南南部。邓廷桢认为不能额定"熬锅"的理由，在于售盐要符合当地民众的饮食习惯与本朝成例。这与蒋攸铦第一次提出熬锅数量不能固定的理由，是舱底积存青盐"时有时无"，需随时煎熬，已完全不同。他说："粤盐生熟兼销，系康熙二十七年八月议准，载在盐法志内，称粤省熟盐煎于归德等场，生盐产于淡水等场，在民嗜好不同，有食生盐者，有食熟盐者，向来原听商民随便办掣。……赣埠熬锅，先于道光元年经前督臣阮元复奏融引案内，声明官锅一项系视埠之畅滞为用锅之多寡，随时增减，难于悬揣额数。钦奉谕旨允准移行遵照。今江省以粤盐由晒扫而成，不须锅熬变熟，冀侵淮纲，是直以前人便民之良法，视为枭贩骛利之私图，恐非平情之论。况淮盐色黑，粤盐色白，熬熟亦然，岂能淆混？至近来既多食熟盐，又加以融销例引，倘执生熟各半，按额核锅，似亦不免胶柱刻舟之见。……江粤民皆赤子，既未能强之独食生盐，即生熟限以各半分销亦难家喻户晓。若如江省议以每店定锅二十二口，一遇埠销畅旺，乏锅煎盐，实于课饷民食均有窒碍，亦应照旧听其随时增减，以资利济。"[10]不仅如此，邓廷桢还在以技术分析进行"防守"之后，进而以带有感情色彩的文字来反击陶澍并打动道光帝。其奏文云："臣复思两江督臣陶澍整顿淮纲，志在兴利除弊，初非故与粤省为难。第其在淮言淮，犹之臣在粤言粤。粤因革损益各有攸宜，实难彼此迁就，如谓邻私侵灌，则粤与淮同所当各守各界、各缉各私，严驻卡之巡查，惩得规之包庇，以期同疏课引，自卫藩篱，较为尽善。若不此之议，惟图变粤省百数十载之旧章，未见有益于淮，先已有损于粤，何异因噎废食，且欲废人之食，势不至干人己交病不止[111]。臣受恩深重，公事公办，不敢立异，亦不敢苟同。否则国课攸关，成宪具在，各前督臣所兢兢守而弗失者，一旦由臣坏之，臣虽至愚，何肯出此？所以情难缄默，敢特陈于圣主之前者也。除将司道查议实在情形移咨两江督臣查照定案会议具奏外，谨先恭折缕晰复奏。"[112]邓廷桢虽表面肯定陶澍"兴利除弊""在淮言淮"，但"初非故与粤省为难"一句，已经强烈谴责陶澍此举实在是与粤省为难。邓廷桢进而指出，陶澍不思自固藩篱，却"图变粤省百数十载之旧章"，完全是"欲废人之食，势不至于人已交病不止"。批驳陶澍之后，邓廷桢转而陈情自身之为难，称"国课攸关，成宪具在，各前督臣所兢兢守而弗失者"，自己亦不能"坏之"，所以，"臣虽至愚，何肯出此"，完全拒绝了陶澍固定"熬锅"的方案，并最终得到道光帝朱批"依其行"，否定了他自己此前对卢坤和陶澍两个折子的朱批，维持了粤盐"熬锅"的自由与随意。

综上所述，在双方关于粤盐"熬锅"的争论中，淮盐区要求粤商熬锅固定化，由其官员在地方管理核查粤商名册，甚至不时越界巡查广东盐商；粤盐区则坚决维护熬锅数量随时增减，并由己方自主管理粤商名册，巡查盐店。显然，问题的核心在于熬锅数量是否固定。如果熬锅固定化，每年粤北产出的广东熟盐数量基本固定，对于淮盐区防止粤盐化官为私，渗入淮界是有相当帮助的，而粤盐将白色生盐转化为灰色熟盐，渗入淮区的数量自然受到抑制。因此，最为重要的问题，就变成粤商熬锅所熬食盐，到底是满足当地民众生活习惯之需要，还是满足输出粤盐进入淮界的需要，从上文所述当时湘南淮界区的实际销售状况，以及淮界区截获的化官为私的粤盐案件之频繁来看，其实不言而喻。所以，淮盐区的各种抱怨以及固定熬锅的要求，显然是可以理解的。但是，另一方面，鉴于嘉道年间粤盐唯一可以完成食盐销售引额，并有余力帮助销售其他盐埠引额的地区，就是粤北、湘南和赣南，粤盐区对淮盐区要求的各种抵制和坚决维护粤盐熬锅数量的随时增减，也是完全可以理解的。显然，粤盐在制造、培育并维系一个"合法走私"的食盐销售地域。但是，这一目标的达成，仅靠广东官方的努力是不够的。毕竟两淮盐区会在其盐区边界巡缉私盐，如果广东官方纵容粤盐北进淮界，靠的是盐枭走私，或者贫民肩挑背负贩私，从数量上说，肯定很难做到上文史料所指称的两淮盐区中湖南南部衡州、宝庆、永州三府百姓尽食粤盐的规模。因此，其目标的达成，还需要潘进等具有可资利用的人际关系网络的一批盐商，直接让湖南南部地方官为粤盐北进提供方便。这说明，上一节所总结的清代私盐市场形成的路径与策略，奠基于传统文化体系的人际关系网络并受制于国家参与与干预的制度结构，其中的制度结构所包含的不仅仅是淮粤两盐区的食盐专卖制度几经变动后所形成的专商引岸与一体通商的区别，还包括粤盐区内部所形成的灵活多变的食盐销售体系，即所谓融销（以及借销、代销、搭销等⑬)制度，不过，这种制度体系显然仍然由传统中国文化的灵活性强、原则性弱或者说善于发现既有制度漏洞的特征所涵盖。因此，在总结性的归纳中，我们说私盐市场形成的路径与策略，是基于传统文化体系的人际关系网络以及国家参与与干预的制度结构的，并不会因融销等制度的产生，以及该制度背后两广盐区官方的事实目的而改变，但这一经验事实，仍然在细节层面丰富了我们对清代私盐市场形成的路径与策略的理解。它意味着，私盐市场形成的路径与策略中的制度结构，绝对不可以简单化理解。这种制度结构，既是传统文化体系下的制度的复杂灵活，更是利益驱动下的复杂灵活。这种复杂灵活的制度结构的形成，既包括创造制度的利益各方的参与，如本案中所涉及的两淮、两广的官员以及户部和皇帝，还包括具体的盐商，更包括传统文化体系的参与和介入。

接下来，我们要继续分析的是，广东官方高层努力维护湘南、赣南淮盐区作为自己的官盐走私市场，背后的依靠力量和信息来源又是谁呢？跟上文讨论到的潘进等盐商有无关系呢？上引阮元奏折，隐含了一些信息。阮元说，他接到庆保和户部咨文后，透过两广盐运使查清阿，召集两广盐商尤其是管理北运粤盐的总商（即北柜总商）苏高华等人，由他们提供详细情况汇报，并据以回应庆保和户部。据阮元称，盐商苏高华禀文明确指出：两淮产熟盐，"以一昼夜为一火伏，得盐若干，即为额数",可以且必须固定锅镬,以方便管理;而粤北广东盐商"埠中偶煎熟盐,与淮南各场之煎产熟盐迥不相同……偶因海船舱底之盐……(或)埠中进出渗漏之盐……色黑难卖,连盐包烧灰,淋出卤水,以之熬出熟盐,在近村零卖,不过以民间煮饭之锅煎卤成盐,并无盘铁、灶房、火伏,况有卤则煎,无卤则止,非比淮盐之统年煎熬,定有额数。是以所煎之盐为数甚少,不及额盐百分之一,此人所共知,实不能定以限制"。[14]可见,阮元在盐务问题上的信息来源,最终来自盐商。虽然目前没有材料表示,潘进直接提供了信息给阮元,但苏高华关于粤北广东盐商经营行为的解释,无疑只能来自他们。因此,两广盐区在与两淮盐区展开食盐贸易而产生的"熬锅"纷争中,官商利益一致,并且共同努力维护了粤盐的北进,既保证了粤北、湘南、赣南地区粤盐的畅销,又为其他地区滞销的粤盐找到了融销的销路。因而,广东方面极不愿意改变湘南郴、桂各盐埠之盐法,并以此直接推动粤盐"化官为私",挺进淮盐区。同时,清廷在这一系列辩论与争吵中,态度左右摇摆,相当暧昧,经常出尔反尔。显然,维护既有制度和格局,是其基本出发点,而户部与皇帝,可能实际上也很难真正调查判断何方理据更为充足。更重要的是,传统文化体系以及行政伦理中的"平衡"理念,一定让皇帝与户部在最后决断时,充分注意到对于朝廷来说,平衡到何种程度,才既可以保持制度的连续性,维持各方利益,又不至于在财政中妨碍大局,在官员布局上影响力量平衡。在这一前提之下,广东方面提出的明显不符合常理或实际的理由,如煎熬后的食盐仍为白色、永兴子店全在淮界三十里之外等,清廷依旧照单全收。[①]正是传统政治与文化的这种惯性运行逻辑,导致粤盐在"熬锅"之争中,虽然明显理据不足,但仍然占据优势,维持了保证粤盐北进的制度,推动了粤盐化官为私进入淮盐地界,成为湖南南部最重要的私盐来源,最终结果是,正如同治年间衡阳县令彭玉麟总结当地的食盐销售情况时所指出的那样，自道光以来，衡阳名为淮盐引岸，但实际上通行的却是粤盐，淮引之名只留在通判的账本上。整个衡阳城乡百姓所消费的全是粤盐。其实，有史料说明，湖南南部的永州、宝庆等府，情况亦和衡州府一样，淮盐仅存虚名而已。

与传统政治和文化的惯性运行逻辑（或者称为"路径依赖"）相比较，本案例揭示出来的私盐市场形成的"路径依赖"，在本书的议题上，更值得我们重视。如果不从经验事实的时间脉络出发，而是从史料所体现的私盐市场规模大小的逻辑顺序出发，我们可以判断，阮元与苏高华的故事，正是潘进与彭应燕故事的升级版。潘进与彭应燕的故事，可以看成是私盐市场形成的逻辑起点，那么，阮元与苏高华的故事，则是私盐市场形成的路径依赖的典型表达。在阮元与苏高华的故事中，除了行政官员以及盐商级别上升，市场规模扩大外，其中所有的形式逻辑与社会逻辑均表现出很大程度上的一致性。苏高华负责粤盐北柜的销售任务，承担销引完课的职责，潘进与"孔文光"负责乐桂埠的销售任务，承担乐桂埠的销引完课职责，但两者当时均有义务为两广盐区各疲埠融销食盐，因此，无论是潘进、"孔文光"还是苏高华，都必须努力设法打开粤盐北进的道路。有着共同利益的他们，或借重湖南地方官的帮助，或借重两广大员的支持，在共同作为强大后盾的广东官方的协助下，利用基于传统政治文化的复杂人际关系网络和国家参与与干预的制度结构，源源不断地向淮盐地界的湖南衡州、永州、宝庆三府走私粤盐，一解广东官员在盐政事务上的心头之患。而阮元等广东官员，包括负责盐政事务的两广总督、盐运使等人，则同样利用制度结构以及本书在经验事实上暂未提供材料支撑的朝廷中的人际关系网络，既为自己的考成需要，也为盐课收入的要求，与苏高华、"孔文光"、潘进等盐商结成利益共同体，共同促进私盐市场在潘进行动的逻辑道路上继续发展。这说明，从私盐市场规模大小的逻辑顺序分析，潘进与彭应燕的故事，可以阐释清代私盐市场形成的路径与策略，而阮元与苏高华的故事，则清楚地表达了私盐市场形成的路径依赖。

注 释

① 当然，工业用盐的化学结构与 NaCl 有不少差别，因为与本书主题无关，故不展开讨论。

② 事实上，对食盐进行垄断贸易的，历史上并不止中国一国，欧洲的法国等国家，也曾有过食盐垄断贸易历史。参见 Mark Kurlansky, *Salt: A World History*, London, Penguin Books, 2003. 这里所谓垄断，与经济学意义上的垄断亦有一些差别。经济学所谓垄断，主要指市场上的强有力者控制了商品价格。而清代政府对食盐贸易的垄断，不仅大部分时候影响或者控制了价格，而更重要的是，还直接控制了作为物品的食盐本身的生产与流通。

③ 这里所谓以特殊形式贸易的私盐，包括在本盐区合法贸易的官盐在跨盐区后，在非其引岸的另一盐区销售等形式。

④ 张世明对此有相当精确的概念界定，区分了专卖、专营等历史上的诸多贸易形态，本书为适应传统的习惯，仍将食盐的各种垄断贸易统称为专卖。希望进一步了解其概念的读者，可参阅张世明的《清代盐务法律问题研究》(载《清史研究》2001 年第 3 期)。

⑤ 郭正忠主编：《中国盐业史(古代编)》，7 页，北京，人民出版

社，1997。

⑥ 参见黄国信：《清代盐政的市场化倾向——兼论数据史料的文本解读》，载《中国经济史研究》，2017(4)；《清代食盐专卖制度的市场化倾向》，载《史学月刊》，2017(4)。需要说明的是，此二文文题相近，但内容并不重合。

⑦ 刘翠溶认为明清食盐贸易所形成的是具有市场性质的"不完全竞争市场"。她在研究明清余盐、官盐市场及税收升降，要求开放食盐自由贸易的言论之后，指出：明清的官盐贸易属于不完全竞争市场。其不完全性主要体现在：第一，政府设定盐区，并限制盐区间竞争；第二，盐商由政府募集而来，有准入和退出条件，纲法实施后世袭；第三，盐引或盐票是食盐买卖的合法且有价凭证，盐价大部分由官方制定而非市场决定；第四，政府严禁私盐，并用各种方法来应对私盐以维持官盐市场。这充分说明了清代盐政的垄断性和专卖性不容忽视。不过，她同时指出，在这样的不完全竞争条件下，一直到19世纪初，官盐在与私盐的竞争中，市场份额不断扩大，盐税上升，并且盐价随着整体市场价格波动，表明清政府食盐专卖体系下的盐价，虽然主要由政府设定，但仍然跟市场存在着密不可分的联系。参见 Ts'ui-jung Liu(刘翠溶)，"Features of Imperfect Competition of the Ming-Ch'ing Salt Market," in Yung-san Lee and Ts'ui-jung Liu eds., *China's Market Economy in Transition*, Taipei, The Institute of Economics, Academia Sinica, 1990, pp. 259-327.

⑧ 参见(清)赵尔巽等：《清史稿》卷一百二十三《食货志四·盐法》，3603页，北京，中华书局，1976。

⑨ 关于专商引岸和一体通销，请参见杨久谊：《清代盐专卖制之特点——一个制度面的剖析》，载《中央研究院近代史所集刊》，2005(47)。杨久谊指出清代的引岸有两种类型，分别是"既占引窝又占引地"和"只占引窝不占引地"，为表达方便，前者我们称之为"专商引岸"，后者我们称之为"一体通销"，其实，此二词并非特别严谨，尤其是"专商引岸"，在一体通销制度下，获得盐商资格的商人也是专商，并且被限定只能在某盐区(或省

区)内销盐，如果把盐区(或省区)当成引岸，那么一体通销的情况亦可称为专商引岸。因此，本书中所谓专商引岸，所指主要是某一盐商只能固定在其引地(一般为府、县级地域)而不可以在盐区内跨越自己的固定引地销售食盐的情况，这种情况可视为狭义的专商引岸。

⑩ 关于官盐批发价，请参见韩燕仪：《清前期两淮盐价的形成机制——以湖广、江西口岸为中心》，硕士学位论文，中山大学，2017。

⑪ 参见张小也：《清代私盐问题研究》，14～27 页，北京，社会科学文献出版社，2001。

⑫ 参见张小也：《清代私盐问题研究》，46～252 页。

⑬ (清)陈宏谋：《申严私盐积弊示》，见《培远堂偶存稿》卷四十二《文檄》，转引自潘琦主编：《陈宏谋集》第 10 册，136～137 页，桂林，广西师范大学出版社，2015。

⑭ 《为敬陈盐法要务事》，中国第一历史档案馆藏档案：户科题本·税课·盐务，三保雍正十三年十一月六日题。

⑮ (清)李士桢：《抚粤政略》卷六《文告》，见沈云龙主编：《近代中国史料丛刊三编》383，707 页，台北，文海出版社，1988。

⑯ (清)何兆瀛：光绪《两广盐法志》卷一《制诏》，见陈建华主编：《广州大典》第 327 册，58 页，广州，广州出版社，2015。

⑰ 《皇朝政典类纂》卷八十二《盐法十三》，见沈云龙主编：《近代中国史料丛刊续辑》880，424 页，台北，文海出版社，1982。

⑱ (清)陈宏谋：《清厘盐场弊累檄》，见《培远堂偶存稿》卷四十二《文檄》，转引自潘琦主编：《陈宏谋集》第 10 册，122 页。

⑲ (清)陈宏谋：《清厘盐场弊累檄》，见《培远堂偶存稿》卷四十二《文檄》，转引自潘琦主编：《陈宏谋集》第 10 册，136～137 页。

⑳ (清)何兆瀛：光绪《两广盐法志》卷二十九《缉私一》，见陈建华主编：《广州大典》第 327 册，643 页。

㉑ (清)何兆瀛：光绪《两广盐法志》卷二十九《缉私一》，见陈建华主编：《广州大典》第 327 册，644 页。

㉒ (清)何兆瀛：光绪《两广盐法志》卷二十九《缉私一》，见陈建华主编：《广州大典》第 327 册，645 页。

㉓ (清)阮元：道光《两广盐法志》卷二十一《转运八》，见于浩辑：《稀见明清经济史料丛刊》第 1 辑第 42 册，61 页，北京，国家图书馆出版社，2009。

㉔ (清)吴震方：《岭南杂记》，见道光《广东通志》卷一六五《经政略八》，转引自广东省地方史志办公室编：《广东历代方志集成》，2707 页，广州，岭南美术出版社，2009。

㉕ (清)陈宏谋：《严饬盘验委员不得借端留难檄》，见《培远堂偶存稿》卷四十二《文檄》，转引自潘琦主编：《陈宏谋集》第 10 册，105 页。

㉖ (清)陈宏谋：《申严私盐积弊示》，见《培远堂偶存稿》卷四十二《文檄》，转引自潘琦主编：《陈宏谋集》第 10 册，134 页。

㉗ (清)陈铨衡：《粤醝蠡测编·缉私论》，见陈建华主编：《广州大典》第 329 册，8 页。

㉘ (清)陈宏谋：《申严私盐积弊示》，见《培远堂偶存稿》卷四十二《文檄》，转引自潘琦主编：《陈宏谋集》第 10 册，134 页。

㉙ 《奏为据实奏明仰祈圣鉴事》，中国第一历史档案馆藏档案：朱批奏折·财政，那苏图乾隆九年十一月十六日奏。

㉚ 《议覆广西巡抚金鉷所奏收买廉州私盐事宜》，中国第一历史档案馆藏档案：朱批奏折·财政，鄂弥达雍正十一年三月十二日奏。

㉛ (清)朱橒：《粤东成案初编》卷九《命案》，见陈建华主编：《广州大典》第 333 册，311 页。

㉜ (清)朱橒：《粤东成案初编》卷十四《伤人》，见陈建华主编：《广州大典》第 333 册，503 页。

㉝ (清)朱橒：《粤东成案初编》卷三十《杂狱》，见陈建华主编：《广州大典》第 334 册，235 页。

㉞ (清)陈铨衡：《粤醝蠡测编·余盐论》，见陈建华主编：《广州大典》第 329 册，11 页。

㉟ (清)陈铨衡:《粤嵝蠡测编·缉私论》,见陈建华主编:《广州大典》第329册,8页。

㊱ 在清代的食盐垄断专卖体制下,部分盐场生产的食盐由官府或者官府指定盐商直接收购。

㊲ 官盐价格参见阮元的道光《两广盐法志》卷十九《转运六·成本》,并以当时银钱比价银1两值钱1300文折算成制钱数。(比价参见黄冕堂:《清史治要》,420页,济南,齐鲁书社,1990。)

㊳ (清)朱橒:《粤东成案初编》卷三十《杂狱》,见陈建华主编:《广州大典》第334册,235页。

㊴ (清)朱橒:《粤东成案初编》卷九《命案》,见陈建华主编:《广州大典》第333册,311页。

㊵ (清)朱橒:《粤东成案初编》卷二十四《失囚》,见陈建华主编:《广州大典》第334册,17页。

㊶ 《奏为拿获重载私盐人犯先行审明议拟恭折》,中国第一历史档案馆藏档案:朱批奏折·财政,松筠、韩崶嘉庆十六年八月五日奏。

㊷ 《奏为拿获重载私盐人犯先行审明议拟恭折》,中国第一历史档案馆藏档案:朱批奏折·财政,松筠、韩崶嘉庆十六年八月五日奏。

㊸ 韩燕仪:《清前期两淮盐价的形成机制——以湖广、江西口岸为中心》,121页,硕士学位论文,中山大学,2017。

㊹ (清)何兆瀛:光绪《两广盐法志》卷一《制诏》,见陈建华主编:《广州大典》第327册,42页。

㊺ (清)何兆瀛:光绪《两广盐法志》卷一《制诏》,见陈建华主编:《广州大典》第327册,44页。

㊻ (清)何兆瀛:光绪《两广盐法志》卷一《制诏》,见陈建华主编:《广州大典》第327册,55页。

㊼ 参见西樵公共服务网:"百西村头村",http://www.xiqiao.gov.cn/cms/html/3268/2014/20140709102132845290601/20140709102132845290601_1.html,2015-07-13。

㊽　参见潘孝云：《潘世德堂族谱》，桂林，广西师范大学出版社，2015。

㊾　潘文生：《潘履道堂思园公碑文研究（二）》，http：//blog. sina. com. cn /s /blog_804ad66folootvb6. html，2011-07-06，20：51：24。

㊿　1里＝500米。

51　1华里＝500米。

52　参见陈锋：《清代的盐政与盐税》，232～261页，武汉，武汉大学出版社，2013。

53　参见(清)包世臣：《庚辰杂著五》，见《安吴四种》卷三，5页，转引自沈云龙：《近代中国史料丛刊》一辑294，188页，台北，文海出版社，1968。

54　参见张九洲：《中国旧民主主义时期的经济变迁》，开封，河南大学出版社，1999。该书第363页的"乾隆三十一年岁入银数明细表"显示，是年清廷财政收入，地丁银有2991万两，位居第一，盐税有574万两，居第二位。

55　参见[日]佐伯富：《盐和中国社会》，见刘俊文主编：《日本学者研究中国史论著选译》第6卷，栾成昱、南炳文译，75页，北京，中华书局，1993；黄国信：《食盐专卖和盐枭略论》，载《历史教学问题》，2001(5)。

56　衡州府的盐区纷争起源于明代。明初，衡州府被划入两广盐产销售地。但嘉靖四十年(1561)前后，都御史鄢懋卿整顿盐法，提出将湖广衡、永二府改食淮盐，并曾暂时实行。不过，这一做法很快即遭到两广提督吴桂芳的反对。嘉靖四十二年(1563)吴桂芳上《议复衡永行盐地方疏》，得到嘉靖皇帝支持，湖广衡州府等地行销粤盐的局面基本稳定下来。因此，从总体来说，有明一代，衡州府基本上都归属两广行盐区。

57　(清)车克：《为陈述盐政事》(顺治年间，尾缺)，中国第一历史档案馆藏档案：内阁汉文题本，前三朝。正是因为清初朝廷控制两广的时间比控制江南的时间要晚，当淮盐生产和运销系统已经正常的时候，两广的食盐生产运销系统均无法正常运作。在这样的情况下，绕道广西灵渠进入湖南南部的广东官盐，也无法正常运达，从而引起衡州府等地的"改粤入淮"诉求。但三藩之乱平定，广东食盐生产与运销均正常化以后，广东盐运至湖南南部的地理优势开始凸显，人们的诉求随之发生变化。

㊳ (清)宗绩辰：《永州府志》卷七下《食货志·盐法》，23页，道光刻本。此事在王定安的《两淮盐法志》中亦有简略记载。

㊴ 参见(清)周士仪：《衡州府志》卷五《盐政附》，114～116页，康熙刻本。吴开运呈文略云："(今粤西)官盐……州县乡城(村)挨门督发，推甲移乙，奸胥骚扰，正价之外，使用不赀，每斤纹银七、八分不止。淮盐每包重八斤四两，时价不过一钱有零，客自卖，民自买，相安无事，两者相较，其便奚啻霄壤之隔也。尤可伤者，招商措本之檄一下，责在里排，着报股实，有倾家荡产者，有弃业逃窜者，有死于投缳、毙于杖下者，如衡山之罗层七等竟为怨鬼已。……上无补于国用，下徒虐乎民膏。……粤盐久缺，半载竟无盐到，百姓茹苦食淡，几越月矣……何忍高抬虚值，严参厉禁，只知利粤，驱楚三府之民于陷阱中而制其命耶？上年十月内，运等目见心怆，缮句条议，泣奏台前……故敢冒昧再陈，伏乞仰体宸衷，俯协舆情，开恩特题，止认粤课，仍食淮盐，在粤无缺课之虑，在官无参罚之苦，在民无报商措本领盐发盐之害。"

㊵ 据侯钤《衡山县志》卷二十八《盐法》(道光刻本)第4～5页记载，湖广总督张长庚阅后，盛赞其条陈"句句真切，字字含泪，可谓留心民瘼，志存经济之士"，并因此"专行盐道妥详酌之题"。

㊶ (清)江恂：《清泉县志》卷六《食货志·盐政》，8页，乾隆刻本。批中所称"广西总督以粤运到之盐未卖，题请暂停"之事，指的是顺治十八年(1661)两淮巡盐御史胡文学题请衡、永、宝三府改行淮盐后，广西巡抚屈尽美要求暂时维持粤盐销于三府一事。

㊷ (清)谢开宠：《两淮盐法志》卷十二《奏议三》，26页，康熙刻本。周学思对因为衡州府盐区划分而叩阍的解释是，因为"年来粤东禁海迁灶，盐课缺额，有司苦于考成，勒里排坐派，包课血比"，以致官、商均无法忍受。详情请参见黄国信的《区与界：清代湘粤赣界邻地区食盐专卖研究》(生

活·读书·新知三联书店2006年版)

(63) (清)彭玉麟:《衡阳县志》卷十一《货殖》,2~3页,同治刻本。

(64) 下文将详细论及于此。

(65) 英国外交部档案,FO.931/181。

(66) 融销,即通融销售,清代粤盐盐法规定,食盐销售引额分配到各销售口岸,即各埠,但若有某埠销售畅旺,而他埠积引甚多,则可将其积欠融销到畅销盐埠。悬引,指食盐销售不畅,官盐无法按期售出,以致盐引悬宕。

(67) 参见黄国信:《区与界:清代湘粤赣界邻地区食盐专卖研究》,北京,生活·读书·新知三联书店,2006。

(68) 道光《南海县志》卷十四《列传》,265~266页,台北,成文出版社,1968年重印本。

(69) 非其曾孙潘誉征任主纂的光绪《南海县志》。

(70) 桑园围,是地跨南海、顺德二县的巨大水利工程,西樵在围内。

(71) 参见《潘世德堂族谱》,西樵村头村潘氏家藏,刻印本。

(72) 参见《潘氏家乘·潘资政公遗稿》,中山大学图书馆藏。

(73) 参见《潘氏家乘·潘资政公遗稿》。

(74) 《潘氏家乘》收录了潘进来往书信,其中《潘资政公遗稿》第37页为《复李石泉书》,题注云:"石泉讳可琼,兄弟三人翰林,与先大父少同窗。历任广西思恩府、浙江杭嘉湖道、升山东盐运司。"李可蕃,即为李可琼二哥,其大哥为李可端。

(75) 参见(清)黄定宜修,(清)邓士宪纂:《南海县志》卷三十九,39页上,同治刻本。

(76) 参见《南海衣冠》("南海历史文化丛书"本),47页,广州,中山大学出版社,2011。

(77) 《潘氏家乘·潘资政公遗稿·复李椒堂书》,27~28页。

(78) 参见(清)何兆瀛:《两广盐法志》卷十八《行盐疆界》,13~15页,光绪刻本。

⑦ 参见《南海衣冠》（"南海历史文化丛书"本），94 页。

⑧ 《潘氏家乘·潘氏家谱》载《曾祥祖斋公家传》有记载云，"初思园公在韶州事盐策"，见《潘氏家谱》第 6 页。而同书《潘资政公遗稿》第 46 页载潘进书信《致邓某书》云，"两载未奉德音，寤思殊切。比惟大兄大人，与居叶吉为慰。启者，乐埠旧事清楚日，弟曾将办理情由及与令弟牧堂玉浦兄昆玉，集算各数抄寄，嗣奉还云。虽蒙深谅弟等经理数目之苦衷，但惟时炽庭兄未亲视埠事，孔府内，仍多未达弟与吾兄相与周旋之原委"，说明潘进当时与邓氏合作在乐桂埠经理盐务，而当时的乐桂等盐埠的总商则为孔氏。

⑧ 参见黄国信：《清代盐政的市场化倾向——兼论数据史料的文本解读》，载《中国经济史研究》，2017(4)。

⑧ 《潘氏家乘·潘资政公遗稿·复李椒堂书》，27～28 页。

⑧ 当时的行政区划与盐政分区不相吻合，潘进所谓粤境，当指行盐区上归属粤省，而行政上归湘省的郴州和桂阳州地区。在这些地区，湖南地方官常常进入检查，本是常理。但理论上，他们不应该进入这些地区检查粤盐。

⑧ 《嘉庆十九年六月十八日湖南提督魁保奏为川粤二盐越境淮盐不能畅销之盐丁埠头通同舞弊缘由仰祈圣鉴事》，中国第一历史档案馆藏档案：军机处录副，档案号 3-1782-20。

⑧ 参见(清)王定安：《两淮盐法志》卷五九《缉私一》，2 页，光绪刻本。

⑧ 《乾隆元年二月十五日管吏部户部尚书张廷玉题为敬陈盐政要务恭请圣训事》，中国第一历史档案馆藏档案：户科题本，档案号 2-12849-14。

⑧ 《乾隆元年二月十五日管吏部户部尚书张廷玉题为敬陈盐政要务恭请圣训事》，中国第一历史档案馆藏档案：户科题本，档案号 2-12849-14。

⑧ (清)王定安：《两淮盐法志》卷六十《缉私二》，24页。

⑧⑨ 参见黄国信：《清代"淮粤之争"中的边界》，载《历史人类学学刊》，第3卷，第1期，2005。

⑨⓪ 参见陈锋：《清代盐法考成述论——清代盐业管理研究之一》，载《盐业史研究》，1996(1)。

⑨① (清)王定安：《两淮盐法志》卷四十三《引界上》，3页。

⑨② 《乾隆二年三月初八日湖广总督史贻直奏为川粤交界食盐无碍淮南引课恭恳圣恩俯准仍循旧例以便商民事》，中国第一历史档案馆藏档案：军机处录副，档案号3-0609-9。

⑨③ (清)陈铨衡：《粤嵯蠡测编·粤嵯论》，清光绪刻本。

⑨④ (清)陈铨衡：《粤嵯蠡测编·六柜论》。所谓北柜，乃乾隆五十四年(1789)广东盐务改革时发明的概念。是年，广东将部分州县盐埠划为六柜，其中广东北部的乐昌等地与湖南南部、江西南部均归入北柜。

⑨⑤ 英国外交部档案，FO.931/181。

⑨⑥ 此纷争过程非常有意思，反映出传统政治、经济的诸多特点，很值得作为标本来解剖。参见黄国信：《清代"淮粤之争"中的边界》，载《历史人类学学刊》，第3卷，第1期，2005。

⑨⑦ 中国历史上的官商关系问题，早已为国人所随处点评，似乎谁都可以由此得出一个官商勾结的简单结论，但实际深入研究甚少，其中关于胡雪岩官商关系的研究尚有数篇论文，但结论亦相对简单，且没有超出费正清的概括性结论。费正清曾总结中国传统的官商关系，说中国传统"经常会造成商人和官吏之间利害一致的关系，因为官方的庇护照顾是任何大商业经营所必需的。官吏和商人不能单独成功的地方，双方互相联合即可以获利。因此，商人、银钱业者、经纪人和各式各样的买卖人成为一个依附于官僚的阶级"。(参见[美]费正清：《美国与中国》，孙瑞芹、陈泽宪译，45页，北京，商务印书馆，1971。)直到近年冯筱才从政商关系的角度研究

虞洽卿，才开始超越费正清的总结。冯氏的研究颇有深度，他全方位地展现了虞洽卿所处时代的"政商关系"之"政"的内涵，指出"政"不仅仅指官员或政府，且包括公共政治，甚至党派政治，以及种种新式政治技术的运用。详情参见冯筱才：《政商中国：虞洽卿与他的时代》，北京，社会科学文献出版社，2013。而罗威廉关于陈宏谋的研究，则从官员一侧涉及政商关系问题，虽然这不是他论述的核心问题。参见[美]罗威廉：《救世——陈宏谋与十八世纪中国的精英意识》，陈乃宣、李兴华、胡玲等译，286～297、355～369 页，北京，中国人民大学出版社，2013。

⑱ 关于对历史文献的统计学意义的理解，请参见[英]约翰·希克斯：《经济史理论》，6～8 页。应该声明，本书关于史料的解读，都是力图在统计学意义上展开的，否则本书的讨论将会陷入强烈批评的汪洋大海之中。

⑲ 参见(清)何兆瀛：《两广盐法志》卷十八《行盐疆界》，9 页。

⑩ 《嘉庆十九年十一月初一日为遵旨确查(湖南各属食盐情形)据实复奏事》，中国第一历史档案馆藏档案：军机处录副，档案号 3-1782-42。融销，即本埠食盐滞销，将其应销盐额移至他埠行销，是为他埠融销本埠食盐。嘉庆末年，珠江三角洲滞销的粤盐引额被融销到粤北、湘南、赣南等邻近淮界的地区。

⑪ 英国外交部档案，FO. 931/181。

⑫ 《嘉庆二十三年四月十八日湖广总督庆保湖北巡抚张映汉奏为实力堵缉邻私并陈楚省引地实在情形恭折奏明圣鉴事》，中国第一历史档案馆藏档案：朱批奏折，档案号 4-0496-044。

⑬ (清)何兆瀛：《两广盐法志》卷十八《行盐疆界》，15 页。

⑭ (清)何兆瀛：《两广盐法志》卷十八《行盐疆界》，15 页。

⑮ (清)何兆瀛：《两广盐法志》卷十八《行盐疆界》，15 页。

⑯ 参见(清)何兆瀛：《两广盐法志》卷十八《行盐疆界》，15 页。

⑰ 英国外交部档案，FO. 931/181。本自然段三段引文均出自此档案。

⑩　陶澍：《会同两湖督抚筹议楚省醃务折子》，见《陶文毅公全集》卷十九《奏疏》，3～5页，清道光刻本。

⑩　(清)何兆瀛：《两广盐法志》卷十八《行盐疆界》，15～16页。

⑩　(清)何兆瀛：《两广盐法志》卷十九《行盐疆界》，3～4页。

⑪　王定安本《两淮盐法志》此句作"且欲废人之食，不至于人，已受病不止"。参见(清)王定安：《两淮盐法志》卷四十四《引界》，22页。

⑫　(清)何兆瀛：《两广盐法志》卷十九《行盐疆界》，6页。

⑬　这几个概念，两广总督阮元有过清楚说明，他说："借销者，系潮桥桥下各埠，因逼近场灶，价贱难销，拨赴畅销之埠，借领销售，名曰借销。其代销者，系潮桥代省河销盐，因省河非运同所辖，故曰代销。又搭销者，系潮桥疲埠，无商悬引，无人认充，详明归于通桥有商各埠洒带，每拆额引一程，即搭销疲引一分，是为搭销。"显然，除了融销外，其他三种制度，主要在潮州运同所辖地区实行。两广盐区有两个集散中心，一是广州省河，一是潮桥湘子桥。本书所讨论的，是省河集散地出来的盐。参见《道光元年五月初四日两广总督阮元奏为江西南安赣州宁都三府行销粤省引盐难以核定融销等项数目恭折具奏仰祈圣鉴事》，中国第一历史档案馆藏档案：朱批奏折，档案号4-0500-011。

⑭　(清)何兆瀛：《两广盐法志》卷十八《行盐疆界》，13～15页。

⑮　杨久谊从清代食盐专卖制度运作的角度，讨论了地方政府与王朝食盐专卖制度的关系，并指出，从"老少盐"以及巡查私盐两方面的政策来看，地方政府可以规避甚至改变皇帝施行的食盐管理制度，这正是本书所讨论的这一现象的具体表现。参见 Yang, Jeou Yi Aileen, "The Muddle of Salt: the State and Merchants in the Late Imperial China, 1644-1911," Ph D. Dissertation, Harvard University, 1996, p.451.

制度的非正式运作

一、经验事实与理论诉求

在清代盐史研究领域中，私盐问题一直颇为学术界所重视。众多学术专著和论文，对此问题展开了广泛而有深度的讨论。在这些讨论中，包世臣的"商私""官私"定义，仍是常用的概念。但本书中潘进的故事和粤盐"熬锅"的纷争，却显示出在私盐市场中，还有并未引起学术界重视的另类商私和官私。潘进起家于番禺沙湾埠，这是靠近盐场的盐埠，一般情况下，盐埠销售地域内，居民比较容易获得食盐，所以该埠属于两广盐区经营状况不理想的"疲埠"，但潘进从沙湾埠入手，成功获得盐商资格，并顺利在嘉、道年间与商名为"孔文光"的盐商们一起经营两广盐区销售状况最好的乐桂埠。事实上，乐桂埠能够销售畅旺，和潘进等人的经营策略密切相关。其策略就是利用两淮盐区规定"湖南引盐一体通销"、盐引额并不分配到盐埠的制度，以学谊、乡谊等办法，联合湖南地方官员，让他们关照广东盐商，减少湖南"卡员"进入粤盐地界（行政上属于湖南）"滋扰"，以保证粤盐"化官为私"，顺利进入两淮地界销售。而粤盐"熬锅"故事中，通过马慧裕对蒋攸铦、庆保对阮元、陶澍对邓廷桢三次总督级别之间的辩论，两广盐区采取了近乎明火执仗的方式，利用清廷处理封疆大吏之间的纷争常常不了了之的政治文化特点，维护了粤盐的北进稳定之路，以至于湖南南部的淮盐地界的衡州、永州、宝庆府等地，自道光以来，所销售食盐几乎全部是粤盐。"化官为私"的粤盐完全占据了当地市场。由此可见，包世臣的商私与官私概念，并不能够涵盖"商私"和"官私"

的全部，更为重要的商私和官私，反而是本书所揭示的官商联手所贩卖的私盐。这种私盐，自然需要其在市场上的比较优势，符合古典经济学的理性选择原则。但比较优势，在清王朝的食盐贸易体系之下，并不一定能使其在市场流通的潜在可能性变为直接现实性。真正使这种经济学所称的粤盐比较优势成为现实优势，靠的是官商联手，利用制度存在的可能性，依靠基于传统文化的人际关系网络和国家参与与干预的制度结构所培育与推动的。在这一意义上，清代的私盐市场在很大程度上，是官商出于特殊利益而共同制造的市场。私盐问题中的"市场需求"论和官商"挺身而出"论，都不能完全解释私盐市场形成的内在逻辑。正因为如此，私盐贸易必然长盛不衰，再多的制度条文和巡捕兵丁，都无济于事。这也正好是中国传统市场体系中最有特色的地方之一，凸显了理解市场体系所需关注的一些重要问题。在这一体系中，走私食盐被视为自由市场行为，进而被誉为"反市场垄断",似乎也有点南辕北辙。

实际上,本书中提供的经验事实,一是潘进与彭应燕的故事,一是阮元与苏高华的故事。这两个故事,都为研究市场形成的逻辑提供了重要的思考素材,足以超越"官商联手"一类关于私盐问题的简单理解。诚然,在市场形成问题上,前辈时贤都有重要研究与结论。古典经济学以及自由主义经济学,崇尚市场形成的自发逻辑,认为市场是理性经济人自由选择的必然结果,市场上的供需关系和价格机制创造了市场秩序,市场是人类行为而非人类设计的秩序。制度经济学则在古典经济学的理性选择模型上,将制度看作其模型中必不可少的一个变量,认为必须结合市场形成所依赖的制度因素,才足以解释理性选择如何可以促成市场的形成,并认为市场的形成事实上需要解决度、量、衡以及货币体系的建构,尤其是产权与契约的保护等诸多问题。波兰尼则指出,从来就不存在真正自我调节的市场体系,作为买方与卖方交易聚集地的市场从部落时代就已在人类社会中存在，但其中的市场行为，要不就是互惠型交换，要不就是再分配型交换，最多也只是家计型交换，这三种类型的交换，均体现了一个原则，即人们的交换行为并不仅仅由市场供需关系和价格机制来决定，更多的是由人们在社会体系中的网络关系和荣誉感等价值体系来规范。人之作为人，并非都是理性经济人，人们更重要的是在社会网络中保持自己的有荣誉感的形象，在这样的社会伦理价值观上，各种价值信条比经济理性选择更为重要，而正是它们，构成了人类有史以来直至工业革命把人类异化前的长时间段里的基本结构，工业革命以后所形成的资本主义统一市场，正在朝着理性选择的方向发展，将人类异化，企图脱嵌于社会，并反过来主宰社会。这说明，在人类历史上，市场是嵌入于社会的，市场形成亦必然嵌入于社会，这就是波兰尼的"市场嵌入社会"理论。在波兰尼之后，格兰诺维特重视市场与人际关系网络的密切关系，弗雷格斯坦和泽利泽尔进一步发展出市场的政治与文化嵌入理论，市场嵌入社会的理论在人际关系网络、政治与文化领域均得以展开。符平则认为，在他们研究的基础上，以政治—结构框架来研究市场的逻辑，可以为解释市场的社会逻辑提供足够的力度。这一框架，一方面重视市场建设作为国家建设组成部分的意义，另一方面强调市场行动者创造稳定市场环境的行动，以及形塑市场关系规则的过程，全部都是政治和权力的运作过程。其中规范和影响市场的有正式组织结构和制度，如科层制、政治体制、经济制度与经济政策、行业协会等，也有被行动者普遍认同和实践的要素，如经济惯例、习俗、理念、商业观、关系文化、未成文的行规等。

本书即企图在前辈时贤大量理论思考的基础上，从清代私盐贸易的经验事实出发，探讨传统中国市场的形成路径。显然，本书受"市场嵌入社会"理论的启发，从市场嵌入社会的机制出发，通过市场形成的嵌入性的具体经验事实，揭示了清代私盐市场形成的路径与策略，进而从经验事实出发揭示市场形成的路径依赖。本书并没有在理论框架上超越格兰诺维特、弗雷格斯坦和泽利泽尔等人作为集合体而揭示的"市场嵌入于人际社会关系网络、政治与文化"的理论结构，以及符平的政治—结构框架。但本书与他们不一致的地方是，他们努力的方向是与经济学对话，探讨市场运作的逻辑，揭示人际社会关系网络、政治与文化或者说是政治—结构（显结构与潜结构）如何在市场秩序及其型构中产生作用，以及产生了何种作用，比如，挑战经济学关于银行通过对贷款人纯经济实力与效益的考察发放贷款的结论，探讨人际关系网络如何影响银行贷款发放的事实，来揭示人际关系网络与市场秩序的关系，又如，通过探讨国家政策与惠石镇石灰业变迁和发展的关系，来揭示政治与市场变迁之间的逻辑；本书则在此基础上，力图通过研究潘进与彭应燕以及阮元与苏高华的两个故事中蕴含的内在逻辑，从市场嵌入社会的机制入手，探讨传统中国市场形成的机制，即市场形成的路径与策略及其路径依赖，最终形成关于传统中国市场形成问题的理论总结，以加深学术界对传统中国市场形成机制的认识，同时也为经济学的市场理论以及市场社会学理论提供一些参考，提供一个具体经验事实基础上的理解传统中国市场形成的路径与策略及其路径依赖的理论框架。用一句话来总结就是，前人探讨的是市场运作的逻辑，本书探讨的重点是市场形成的逻辑。

二、网络与结构

本书的经验事实告诉我们，私盐市场的形成存在非常复杂的机制。一方面，中国传统的私盐市场形成，并不彻底否定古典经济学的理性经济选择逻辑，市场导向仍是清代私盐市场形成的重要逻辑基础①；但是，另一方面，私盐市场的形成又不是古典经济学默认的"自发过程"，也不是"人类行为而非人类设计的秩序"所能概括的。首先，私盐市场的形成，利用官方的食盐贸易制度解决了市场形成的制度环境问题；其次，恰恰是"人类设计的秩序"形成了私盐市场。本书的重点，不是分析官盐贸易制度如何型构私盐市场的制度环境，而是探讨"人类"如何"设计"了私盐贸易的秩序。在这一点上，我们可以将全书理论框架的基本结构归结为，清代私盐乃至传统中国市场选择的是基于传统文化体系的人际关系网络和国家参与与干预的制度结构的形成路径与策略②，简称网络与结构路径，而这一路径形成了相当强大的路径依赖，成为传统中国市场形成与秩序的基本逻辑。

第一，基于传统文化体系的人际关系网络和国家参与与干预的制度结构的市场形成路径与策略是传统中国市场形成的基本逻辑。私盐市场是观察传统中国市场形成问题的经验事实与逻辑结合的最佳实验场，它揭示了传统中国市场形成的路径，及其嵌入社会的方式与策略。私盐是与官盐共存共亡的特殊商品，朝廷的食盐专卖制度，使其在与官盐贸易的互动或者博弈过程中，附生出比官盐贸易更为清楚的市场化特征。它常常在官盐价格的引导下，以吸引市场消费者眼光、比官盐价格明显较低的价格与官盐展开竞争，表现出既受制于官盐价又与官盐竞争的特征，并由此而获得自己的市场销量，并反过来影响官盐价格。食盐专卖强烈排斥私盐，但它又必然带来私盐，考察私盐市场，可以把握食盐专卖制度的运作情况和市场化程度。而更为重要的是，私盐贸易时时刻刻处于和官盐贸易的互动与博弈中，深入考察该博弈和互动，可以揭示私盐贸易体系中，私盐商如何组织，如何与官府、社群、民众发生联系，发生何种联系（如冲突或者合作等），最终揭示私盐市场形成的路径与策略。本书正是通过潘进与彭应燕的故事，以及阮元与苏高华的故事，揭示出食盐市场中最重要的私盐商们的官商私商一体化特征，发现他们利用食盐专卖、盐课考成等制度所形成的政治结构特点，事实上与本盐区的官府形成了利益共同体，又利用自己走私所渗入的相邻盐区的灵活复杂的制度结构和人际关系网络等资源，以及官方食盐专卖制度的结构化体系，基于传统文化体系的价值与伦理观，借重对方官员，成功建构起规模巨大的私盐市场。这是一种基于传统文化体系的人际关系网络和国家参与与干预的制度结构的市场形成路径与策略。它体现了私盐贸易这一较之于官盐贸易更有市场化特征的贸易体系的内在逻辑，展现了私盐贸易中市场嵌入社会的细节及其机制。

第二，基于传统文化体系的人际关系网络和国家参与与干预的制度结构的市场形成路径与策略，在清代私盐贸易体系中，形成了路径依赖。阮元与苏高华的故事，说明了官商利益共同体形成后，在逻辑顺序上，潘进故事中的基于传统文化体系的人际关系网络和国家参与与干预的制度结构的市场形成路径与策略，在更大范围以及更大规模上形成路径依赖的事实。这说明，虽然私盐市场形态各异，有灶户灶丁的偷漏，也有贫民的肩挑背负，有官员"挺身而出"夹带私盐，也有盐枭强行走私，但各种私盐形态中，无论在规模上还是在影响上，最为重要的还是官私一体化的私盐。这种私盐，作为私盐市场上最重要的形态，存在明显的路径依赖。而更为重要的是，这种路径依赖，不仅在私盐市场，而且在传统中国的许多市场，甚至在国家财政运作上都得到了体现。也就是说，在传统中国，基于传统文化体系的人际关系网络和国家参与与干预的制度结构的市场形成路径与策略，是最为重要的市场形成以及市场秩序的内在逻辑。人们耳熟能详的晋商与官员的关系网络、与清廷的关系网络，充分展现了金融市场形成的策略与路径，和潘进故事并无实质差异。山西票号的故事，是典型的中国版商业成功故事，在某种意义上，甚至成了无数商人的励志故事，进而成为传统中国商业文化深层积淀的表现，后来者常沿着其路径去展开自己的商业经营。不过，在逻辑顺序上，我们依然可以从单个商人的故事发展到商人群体的故事的脉络，去理解它与潘进故事的关系，从这一角度来看，显然，晋商所创造的票号，或者说，明、清金融市场形成的策略与路径，正是对基于传统文化体系的人际关系网络和国家参与与干预的制度结构的市场形成路径与策略的依赖，也就是说，传统中国市场形成的路径依赖相当明显。③它同时说明，清代国家财政运作体系中，也明显存在着潘进故事中的市场形成策略的路径依赖。清中晚期，山西票号甚至承担了王朝税收款项的缴纳以及调拨的功能，咸丰以后盐务问题上的川盐济楚以及盐税问题上的盐厘征收等，均体现出对潘进故事中市场形成策略与路径的依赖。④

第三，传统中国市场的形成路径与策略以及路径依赖，型构了中国传统市场的基本秩序。一方面，传统中国具有高度发达的市场。司马迁已经指出，汉代中原地区就形成了来自"天下"（即全国各地）的人们日常生活所需要的商品的繁忙交易市场⑤，东汉王符则描述了由于商业繁荣而造成的车舆填塞道路，即"堵车"的现象⑥，延伸至宋代，商业更加繁盛⑦，明清商业贸易规模可能实现了进一步的扩大⑧。这样的市场体系，如果仅仅从经济学视角去理解，将其当作"市场经济"也未尝不可。⑨另一方面，王毓铨指出汉代经济已形成贡赋体系⑩，梁方仲指出明代中国商业的繁荣仍然主要取决于其贡赋经济体系⑪。他们的研究，蕴含了两个非常重要的结论：一是从汉到明，中国的市场体系的结构及其运作逻辑存在着相当强烈的内在关联性，甚至说一致性；二是传统中国经济仍然停留在类似于波兰尼所谓"再分配"体系中，其中繁荣的市场交换主要还是基于再分配目的的交换。[12]在这种交换体系，市场嵌入于社会、政治、文化体系之中，政府自身既是市场上的行动者，也是市场秩序的建构者，政府不能直接承担起商人的所有责任，必然有许多事务需要交给独立商人和商业系统来处理。本书的私盐贸易的经验事实不仅证实了这一点，而且更加清晰地展现了私盐市场形成的路径、策略以及路径依赖。由此看来，这种基于传统文化的人际关系网络和国家参与与干预的制度结构的市场形成路径、策略以及路径依赖，不仅体现在私盐市场，体现在一般商品市场，更体现在传统中国的财政乃至整个经济体系的运行实践中。正是市场形成路径与策略以及路径依赖，型构了中国传统市场的整体特征。在这里，赵冈等经济学家的分析结论与波兰尼的观点形成了直接对立。这说明，对同一经济现象的分析，从不同理论体系和学科出发，可以产生出惊人的差异。这是因为它们之间的逻辑前提有巨大差异。作为经济学家的赵冈的出发点是经济学的产权交换理论，而作为社会思想家的波兰尼则更重视经济行为者的社会动机。因此，二人之间产生巨大差异完全可以理解，并且我们一般无法直接简单粗暴地判定谁对谁错。当然，阅读至此，读者诸君一定对此问题有了自己的判断，并相信在这种观点差异面前，必须剖析各自的逻辑前提，才可以做出自己的判断和选择。即便如此，他们之间想要实现真正对话，也并非易事。但结合双方的观点，从中国本土的经验事实和概念体系出发，则我们既能高度重视传统中国发达的市场及其经济意义，又能充分理解中国传统市场秩序的基本逻辑。

必须指出的是，虽然王毓铨先生和梁方仲先生的研究，在一定程度上支持了波兰尼对传统中国"再分配型"经济体系的概括性认识，但是，我们还是必须清楚地意识到，波兰尼提出"互惠""再分配""家计"三种经济组织原则时，所倚重的材料，主要来源于人类学对大洋洲和非洲部落社会的研究成果，以及西方中世纪的历史经验。而中国古代商业的繁荣程度，远超这些经验，传统中国的商业与市场，虽然在某些重要的原则上，与波兰尼的"再分配"若合符节，但仅以此概念来总结传统中国的市场与商业，则显然过于粗放。本书所讨论的传统中国私盐市场的形成并未彻底逃离古典经济学的理性选择原则的现象，就是由此而引起的波兰尼认识不足的问题之一。也正因为传统中国商业与市场高度发达，但同时又存在强烈的贡赋经济色彩，经济学家赵冈与社会学家波兰尼对其性质才会有截然相反的判断。因此，细致地从传统中国商业与市场的经验事实出发，探讨其内在逻辑、机制与性质，依然任重道远。本书的研究，可以说是在这一方向上的一个尝试。但是，本书目前所处理的问题，仍只是这一宏大课题中的"市场形成路径与路径依赖"这样一个细小环节，并且本书所提供的经验事实，也相对单薄，远不足以全面揭示传统中国商业与市场的种种逻辑。这就进一步说明，对传统中国商业与市场的研究，尤其需要加强。

三、制度的非正式运作

基于传统文化体系的人际关系网络和国家参与与干预的制度结构的市场形成路径与策略，是传统中国市场形成的基本逻辑，而此路径所形成的路径依赖，则成为传统中国市场秩序的基本逻辑。这是我们对中国传统市场形成与秩序的基本认识。不过，事实上，这里还有一个极为重要的环节值得深入总结，那就是传统文化体系在人际关系网络与制度结构中具体发挥作用的机制。从本书的经验事实来看，这一机制大致可以用一个并不社会科学化也不很精确的概念来表达，这一概念就是制度的非正式运作。

所谓制度的非正式运作，指的是制度运作的一种类型，在其运作过程中，行为者为了达到自己的诉求，或游走在制度条文的边缘，或局部突破具体制度框架的规范与约束，采取了各种合法与不完全合法的，却又利用了制度结构的行动。它与制度的正式运作——行动者完全依据制度条文的规范而展开的程序化的制度运作，具有完全不同的侧重点。借用符平的分析框架来说，制度的非正式运作，就是"显结构"中"潜结构"发生作用的制度运作行为。潘进与彭应燕的故事里，这一运作趋势非常明显。从表面上看，潘进等人将广东官盐大量销往湖南衡州府等地，违反了清代食盐专卖制度的规定，是食盐走私，因而不能算是制度的正式运作。但是，在实际操作中，其行动却处处表现出符合制度结构的合法性。首先，两广盐区的长官包括历任两广总督们，通过众多奏章，与淮盐区官员以及户部官员讨价还价，在清代食盐专卖制度的结构框架下，利用传统中国政治文化的"平衡"理念，最终说服嘉庆、道光两位皇帝，维持了广东盐商在粤北煎熬生盐、自主管理盐商名册、自主查缉广东私盐等权力，保证了粤盐北进在制度上的合法性，从而保证当时潘进及粤盐北柜的所有广东盐商，都合法地取得了在湖南南部将生盐熬制成熟盐的资格，从而可据以将白色生盐转化成为灰色熟盐，使其顺利进入淮盐地界而难以被查缉。其次，广东盐商们的粤盐走私北运，理应受到两淮官、商的合力查缉。但事实上，由于他们以传统文化体系中的学缘、乡谊等各种"缘"形成了强大的人际关系网络，利用了清代食盐专卖制度下各盐区食盐运销、考成制度的差异性结构，两广盐区食盐专卖制度下已经形成的交通道路和运输系统、批发零售体系、价格博弈关系、商人的准入、私盐的查缉等整个食盐贸易制度的结构体系，以及形成利益共同体之后的两广盐区高级官员们的有力支持，粤盐北运至衡州等地，在清代食盐专卖制度分区销售、跨区严查的体系下，居然与合法的食盐贸易一样，顺畅到基本不存在障碍，表现出一种事实上的"合法性"，即在淮盐盐商以及淮盐区地方行政力量应对上的"合法性"。这种"合法性",虽然可以说是非法行为的"合法化",但一旦形成这种"合法化",原本非法的行动不再被官方查缉,变成操作上的事实合法,行动者的诉求得到满足。显然,这种所谓制度上的合法性,无论是的确符合制度规定,还是并不符合制度规定却事实上呈现出合法性,都与清代食盐专卖制度本身的制度条文相违背。但是,对我们理解中国传统制度极其具有挑战性的是,关于清代食盐生产与管理的一系列研究已经表明,反而是这类表现出合法性的制度运作,才是传统制度运作的常态。[13]这说明,传统制度的运作,在某种意义上,主要地体现为非正式运作,或者说,这种制度的非正式运作,在传统中国,自产生之日起,就是制度运作的具体形态,它是制度运作的题中应有之义,甚至可以说,它就是制度运作的本来含义。所谓"制度不是用来执行的,而是用来被挑战的",指的就是这种制度运行的状态。

制度运行主要以非正式运行的状态展开，事实上是传统中国文化在制度运行中的表现形式。关于传统中国文化的特质与表现的研究早已汗牛充栋，本书无意就此展开讨论，而且也无法在如此篇幅的书中展开讨论。我们所想强调的，只是传统中国文化体系中自有其遇事变通，灵活处理的惯习，这一点相信读者诸君可以与我们达成共识。我们了解到，在传统中国，人们在处理各种有明确条文规定的正常事务时，第一时间想到的居然不是按规定办事，而是找人，找熟人，找亲缘关系人，找学缘关系人，找地缘关系人，或者找其他任何有"缘"的人，哪怕是拐弯抹角的关系，也总比不找关系强。正因如此，我们的正式制度，不得不以非正式运作的方式运行。即便在正式制度运行中可以完善处理的事情，也常常被具体的行动者改造成非正式制度的方式而运行。正如上一自然段所论述，由于私盐贸易的特殊性，在本书所讨论的私盐市场形成逻辑中，这种基于传统文化体系的制度非正式运作的现象，表现得极为充分。而本书中涉及的山西商人及其票号的故事，以及徽商与康熙帝、乾隆帝以及曾国藩等官员的故事⑭，均显示上至皇帝，下至封疆大吏，乃至普通商人，一旦作为制度实施的行动者的时候，他们所普遍采用的就是制度的非正式运作方式。

那么，制度的非正式运作，在本书所关心的市场形成的议题中，到底处于一个什么样的位置呢？显然，我们所揭示的市场形成的基于传统文化体系的人际关系网络和国家参与与干预的制度结构的路径与策略，以及由此而形成的路径依赖，就是通过制度的非正式运作而实现的。因此，制度的非正式运作，正是市场形成的路径与策略，以及市场秩序的路径依赖得以成为事实的前提，也是传统中国"市场嵌入社会"的具体机制与表达。进入市场形成问题的逻辑分析，制度的非正式运作，甚为关键。这本小书，在众多经典理论的基础上，从中国的经验事实出发，总结了传统时期中国市场形成的路径以及市场扩大的逻辑，并最终将其归结于"制度的非正式运作"这一制度的文化特征，就是笔者试图超越既有学术史理论与结论的一个尝试性总结。而这一讨论，似乎又揭示了波兰尼认定传统中国经济归属"再分配型"组织原则与赵冈认为传统中国经济属于"市场经济"体系的内在张力之所在——传统中国商业与市场的复杂性尚未被理论界完全总结出来。

这就提示我们，只有细致扎实地从传统中国商业与市场的经验事实出发，探讨其内在逻辑、机制与性质，才有可能深入揭示传统中国市场的特征。当然，本书的研究，尤其是"制度的非正式运作"的结论显示，我们虽然不能否认传统中国市场存在理性经济的逻辑成分，但是，由于传统中国制度运作的非正式化的普遍存在，探讨传统中国的市场形成路径，最重要的不是单纯从西方经济学的理性选择分析方法出发，而是需要结合经济学、社会学等西方社会科学以及人类学、历史学的分析手段，从传统中国市场的经验事实出发，辨析市场形成过程中制度的非正式运作的具体表现，才有可能探究"市场嵌入社会"的深层次逻辑，从而深刻揭示市场形成的具体路径与策略，最终抽象出关于传统中国市场运作的有可能与西方理论对话的思想成果。在这方面，刘志伟的思路非常有远瞻性。本书书稿即将完成之际，他在2017年硕士、博士毕业聚餐时，提示我们如何理解传统中国经济体系，谈到了他关于中国传统经济体系的理解。他认为，以前他用贡赋经济来指称中国传统经济，也许并不十分贴合中国经济史的实际。因此，他建议用"食货经济"来定义中国传统经济体系，他指出，"食货"，尤其是其中的"货"，是极有中国本土特色的概念，其所指，是一种交换极为繁荣的"市场经济"，但这一"市场经济"并非西方经济学意义上的"市场经济"，不是理性选择意义上的市场经济，而是一种与国家权力联系在一起，由国家直接参与组织的市场交换体系，在这个意义上，如果能真正深刻揭示这一体系的独特之路，将有可能与西方经济学展开学术对话。[⑮] 本书由于选题范围的局限、作者的学力不逮以及经验事实的相对不足，并未达到真正深刻揭示中国传统市场体系的独特道路的目标。但是，对这一目标的追求，应该是本书的主旨之所在，更是未来研究工作的核心问题之一。我们期望有一批青年学者会有兴趣切入此问题，从大量尚有足够研究空间的中国传统经济运行事实入手，形成合力，最终实现与西方理论展开有效对话的目标。如果这本小书能使一部分读者对此问题产生兴趣，我将荣幸之至。

注　释

① 这一点，在一定程度上，与波兰尼所讨论的"再分配型"经济组织原则下的人们经济行为的驱动力存在着较大的差异，体现出传统中国的经验事实，对波兰尼的理论可能形成了一定挑战。这正是我们认为波兰尼对传统中国高度发达的市场认识不足的依据之一。

② 我们必须说明，不仅私盐市场的形成，而且在传统中国的众多商

品市场的形成中，国家权力的参与与干预色彩都是非常鲜明的。吴承明在《论清代前期我国国内市场》一文中，曾高屋建瓴地总结了"鸦片战争前我国国内市场结构的基本模式，它是一种以粮食为基础，以布（以及盐）为主要对象的小生产者之间交换的市场模式"。(吴承明：《中国资本主义与国内市场》，254 页，北京，中国社会科学出版社，1985。)这一观点已成为中国经济史对中国传统市场的经典总结。据其观点，则传统中国市场上最重要的商品是粮食、布匹和盐。盐如何受国家控制与影响，本书已多有论述，自不必再赘言。粮食市场则因为生产者众多，自给性强，且对民生影响程度极大，所以并不实行专卖，但是，这并不意味着王朝国家不参与、不干预粮食市场的形成与运作，清王朝随时掌握米价信息，在米价异动时，采用官运、民调等多种方式干预粮食市场的运转。这方面的经验事实，请参见陈春声《市场机制与社会变迁——18 世纪广东米价分析》第 141～196 页(中国人民大学出版社 2010 年版)，以及罗威廉著、陈乃宣等译《救世——陈宏谋与十八世纪中国的精英意识》的第 232～272、371～405 页。至于布的市场，王朝国家同样介入其中，牙行就是其参与与干预的重要机制之一。除牙行之外，政府还会直接干预棉布市场的价格。请参见西嶋定生著，冯佐哲等译《中国经济史研究》第 632～651 页(农业出版社 1984 年版)，以及谢亮《社会"自生秩序"的中国经济史镜像——华北棉布市场变动原因研究(1867—1937)》第 192～195 页(上海世界图书出版公司 2012 年版)。至于粮、布、盐之外的矿产等商品，政府更是采取了垄断、禁遏之类的办法进行掌控。详情请参见严中平的《清代云南铜政考》(中华书局 1948 年版)，以及温春来的《清代矿业中的"子厂"》(载《学术研究》2017 年第 4 期)。因此，在传统中国，王朝国家参与与干预市场属于常态而非偶见行为。

　　③　孔祥毅的研究指出，山西票号的兴起，虽然与明清中国商品市场对汇兑的旺盛需求有关，但山西票号的股本初始一般仅有数十万两，而汇兑却动辄百万两(汇兑不是票号充当直接运输白银的镖局，而是在甲地承收白银、在乙地支付款项的金融手段)，这全靠清王朝各级政府的公款作为周转金，因为清朝各级地方政府都将山西票号作为缴纳税款和军饷的代理机

构。为何山西票号可以与政府建立如此重要的关系呢？孔祥毅认为，主要理由在于，一是票商深谙中国传统文化，从源头开始就与官员们建立起良好关系，比如，他们有计划地资助儒生应试并走马上任，代办代捐捐纳和印结以及直接捐纳报效等；二是在此基础上，山西票号事实上成为清王朝的财政运作之支柱，为户部解缴税款，为各省借垫京协各饷，为清政府筹措汇兑抵还外债，代理部分省关的财政金库以及为政府捐纳筹饷等，而在庚子事变后，清政府更加依赖山西票号。参见孔祥毅：《山西票号与清政府的勾结》，见阳泉市政协文史资料委员会编：《晋商史料与研究》，80～99页，太原，山西人民出版社，1996。

④ 参见黄国信：《从"川盐济楚"到"淮川分界"——中国近代盐政史的一个侧面》，载《中山大学学报(哲学社会科学版)》，2001(2)。

⑤ 据《史记·货殖列传》记载："夫山西饶材、竹、穀、纑、旄、玉石；山东多鱼、盐、漆、丝、声色；江南出楠、梓、姜、桂、金、锡、连、丹沙、犀、玳瑁、珠玑、齿革；龙门、碣石北多马、牛、羊、旃裘、筋角；铜、铁则千里往往山出棋置：此其大较也。皆中国人民所喜好，谣俗被服饮食奉生送死之具也。故待农而食之，虞而出之，工而成之，商而通之。此宁有政教发征期会哉？人各任其能，竭其力，以得所欲。故物贱之征贵，贵之征贱，各劝其业，乐其事，若水之趋下，日夜无休时，不召而自来，不求而民出之。岂非道之所符，而自然之验邪？"(汉)司马迁：《史记》第10册，3253～3254页，北京，中华书局，1963。

⑥ 王符云："俗舍本农，趋商贾，牛马车舆，填塞道路，游手为巧，**充盈都邑**。务本者少，浮食者众，商邑翼翼，四方是极。"参见王符：《浮侈篇》，见(东汉)王符著，(清)汪继培笺，彭铎校正：《潜夫论笺校正》，120页，北京，中华书局，1997。

⑦ William Guanglin Liu, *The Chinese Market Economy 1000-1500*, New York, State University of New York Press, 2015, pp. 15-56.

⑧ 参见吴承明：《论清代前期我国国内市场》，见《中国资本主义与国内市场》，247～265页，北京，中国社会科学出版社，1985。

⑨　参见赵冈：《论中国传统经济的性质》，载《中国社会经济史研究》，1994(2)。他认为，只要是产权的交换就可以归结为市场交换，而在传统中国，人人均需参与交换，则可以据以判定其市场经济性质。

⑩　参见王毓铨：《"民数"与汉代封建政权》，见《王毓铨史论集》(上册)，311～345页，北京，中华书局，2005。亦可参见刘志伟：《从"纳粮当差"到"完纳钱粮"——明清王朝国家转型之一大关键》，载《史学月刊》，2014(7)。

⑪　参见梁方仲：《明代粮长制度》，127～128页，上海，上海人民出版社，2001。亦可参见刘志伟：《从"纳粮当差"到"完纳钱粮"——明清王朝国家转型之一大关键》，载《史学月刊》，2014(7)。

⑫　希克斯认为，这种经济体系可以称为"岁入经济"，它与市场经济是两种完全不同的经济类型，并认为岁入经济的交易活动，应该称为交换，而不能简单地称为市场。参见[英]约翰·希克斯：《经济史理论》，23～24页。

⑬　请参见叶锦花的《明清灶户制度的运作及其调适——以福建晋江浔美盐场为例》(中山大学博士学位论文，2012年6月)、李晓龙的《明清盐场制度的社会史研究——以广东归德、靖康盐场为例》(中山大学博士学位论文，2013年5月)、徐靖捷的《明清淮南中十场的制度与社会——以盐场与州县的关系为中心》(中山大学博士学位论文，2013年5月)等相关研究。

⑭　参见王振忠：《明清徽商与淮扬社会变迁》(修订版)，21～36，236～249页，北京，生活·读书·新知三联书店，2014。

⑮　刘志伟的思考，亦可参见他在台湾大学历史学系学术通讯中的访谈纪要，在纪要中，他说："食货经济史从中国本身处理经济问题的统治技术出发，一般经济史则试图寻找致使中国没有走上资本主义道路的因素，过去大半个世纪以来，中国、日本和美国学者研究明清社会经济史，大多采取这个套路"，"我有兴趣的研究路径不是从经济学上的分工、专业化、交换、货币制度的角度来描述经济发展，因为这些古典经济学的问题，是在英国、在欧洲发展的历史经验中产生，如果一开始就陷入这个逻辑，或

忽略明清发展过程中既有问题，并不见得是历史上处理经济的问题。所以，讨论明清的历史经验不能根据欧洲的历史经验，而是要从明清时期如何处理这些问题，面对问题时发展出什么制度，制度产生什么变化，或出现新技术等等方面着眼。我主张放下欧洲经济史的逻辑，从中国问题着手，从《食货志》的逻辑去谈中国经济发展。我笑称自己的经济史取径是'食货志的经济史'，因为学界一般认为《食货志》不是研究经济史的史料，而是讨论国家统治。在讨论国家统治的核心问题是：国家统治如何处理食跟货？怎么生产、怎么流通？背后的制度是什么？而不是要发展工业化。在如何在此基础上建立一种解释的逻辑，我一直努力尝试中。"(《台大历史学系学术通讯》第 20 期，2016 年 4 月，http://homepage.ntu.edu.tw/~history/public_html/09newsletter/20/20-02-1.html?from = timeline&isappinstalled = 0.)
目前，国内已有学者开始逃离比附而深入机制层面，努力尝试以传统中国的经验事实去探讨这一路向的中国经济史，彭凯翔的《从交易到市场：传统中国民间经济脉络试探》，就是符合这一努力方向的一项值得学术界重视的重要成果。

后　记

本书的选题念头，源于多年前的田野经历。当我多年前的一个夏天和一批研究生跑去 Q 镇调查时，发现镇里 W 祠堂墙壁上贴着一张大红纸，上书年度收支账目，显示该家族建立并控制着一个市场，不久又发现镇政府近年新建了一个轻纺批发市场——Q 轻纺城。这让我对古典经济学关于市场自发形成的理论产生了基于个别事实的怀疑。当然，经济学理论并非可以以个别事实展开对话。或许，轻纺城由政府建立的事实，早已包含在市场自发形成的理论当中。但是，为什么 Q 镇一直是轻纺品的重要产地，政府以前却不考虑建设轻纺城呢？镇政府在这一市场的建设中到底有没有特别的意义？这些问题，使我对市场形成问题产生了兴趣。后来我读到刘永华教授在《中国社会科学》发表的一篇关于宗族与市场关系的大作，启发了我对市场形成问题的思考。这让我有了大量阅读史料，从史料的统计学意义上去解读宗族、政府等力量与市场形成的关系的冲动，并企图撰写一部关于传统中国市场形成问题的小书。因此，本书的写作，首先要感谢的是引领我走进历史田野的陈春声、刘志伟、科大卫、郑振满、赵世瑜、蔡志祥等老师们，以及跟我共享过田野的快乐与痛苦的一干朋友们，还有启发我思考的厦门大学历史系刘永华教授。

把本书的选题从念想变成事实的，是北京师范大学出版社的宋旭景女士，虽然我们直到书稿写作快到一半时才谋面。2016年秋天，宋女士来函，希望我参与"历史人类学小丛书"的写作。我提出了本选题，得到她的首肯，并由她成功进行了选题申报。感谢宋旭景女士对本书写作的大力支持以及对写作进度的督促。遗憾的是，我虽然力图在统计学意义上应用史料，无奈由于个性懒散等诸多原因，史料的占有远没有达到预期的规模，史料的解读主要也仍然是历史学性质的，最终的叙述方式采用的也多是历史学方式，这肯定会影响本书在理论上与其他学科进行对话的基础。

本书正式写作前夕，一帮志同道合的好朋友在浙江嘉兴举办田野工作坊，我有幸得到邀请并得以和大家讨论本书的逻辑。我忘不了2017年5月那个天空没有星星的晚上，在嘉兴锦江之星的客房里，大家精彩激烈并且持续到深夜的讨论。我必须感谢他们对本书整体逻辑的贡献，他们包括温春来、陈海立、李晓龙、杜丽红、叶锦花、任建敏、李义琼、徐靖捷、黄凯凯、韩燕仪等，其中尤其需要感谢的是温春来和陈海立给本书提供的建议。书稿初步草成后，温春来、陈海立、韩燕仪认真细致通读了全稿，并再次给予了宝贵建议，任建敏和刘正刚在文句上做出了个别修订，韩燕仪还校核了部分注释。谢谢你们的建议！当然，需要说明的是，因为采纳了你们的建议，本书若有成功的地方，自然归功于你们，但若有错误，那肯定是我理解不到位，责任由我自负。

我还要感谢南海西樵镇百西乡村头村潘太浩、潘文生等先生对我们在当地开展田野调查的支持，感谢你们为我们提供了家族文献和口述材料。没有你们，本书的写作将困难重重。

最后，我要感谢常因本书写作而在工作室陪伴我到深夜的妻子张冬云，我们常常在结束当天写作准备回家时，担心永芳堂的大门是否已经紧锁。另外，如果还有为本书写作提供过帮助却被我遗忘的朋友，您应该归咎于我的衰老和忘事，而不是我的内心。

图书在版编目(CIP)数据

市场如何形成：从清代食盐走私的经验事实出发/黄国信著. —北京：北京师范大学出版社，2018.3(2020.6重印)
（历史人类学小丛书）
ISBN 978-7-303-23102-7

Ⅰ.①市… Ⅱ.①黄… Ⅲ.①食盐－走私贸易－经济史－研究－中国－清代 Ⅳ.①F752.949

中国版本图书馆CIP数据核字(2017)第292136号

营　销　中　心　电　话　010-58805385
北　师　大　出　版　社　http://xueda.bnup.com
主题出版与重大项目策划部

SHICHANG RUHE XINGCHENG
出版发行：北京师范大学出版社　www.bnupg.com
　　　　　北京市西城区新街口外大街12-3号
　　　　　邮政编码：100088
印　　刷：北京盛通印刷股份有限公司
经　　销：全国新华书店
开　　本：890 mm×1240 mm　1/32
印　　张：6.75
字　　数：95千字
版　　次：2018年3月第1版
印　　次：2020年6月第2次印刷
定　　价：49.00元

策划编辑：宋旭景　　　责任编辑：曹欣欣
美术编辑：王齐云　　　装帧设计：王齐云
责任校对：陈　民　　　责任印制：陈　涛